汤历漫 ◎ 著

体验至上

打造科技爆品的思维与方法

中国经济出版社

·北京·

图书在版编目（CIP）数据

体验至上：打造科技爆品的思维与方法／汤历漫著．
—北京：中国经济出版社，2019.2
ISBN 978-7-5136-5469-2

Ⅰ.①体… Ⅱ.①汤… Ⅲ.①高技术产品—产品开发 Ⅳ.①F273.2

中国版本图书馆 CIP 数据核字（2018）第 269794 号

责任编辑	贾轶杰
责任印制	马小宾
封面设计	任燕飞

出版发行	中国经济出版社
印 刷 者	北京富泰印刷有限责任公司
经 销 者	各地新华书店
开　　本	880mm×1230mm　1/32
印　　张	9.25
字　　数	155 千字
版　　次	2019 年 2 月第 1 版
印　　次	2019 年 2 月第 1 次
定　　价	58.00 元

广告经营许可证　京西工商广字第 8179 号

中国经济出版社　网址 www.economyph.com　社址 北京市西城区百万庄北街 3 号　邮编 100037
本版图书如存在印装质量问题，请与本社发行中心联系调换（联系电话：010-68330607）

版权所有　盗版必究（举报电话：010-68355416　010-68319282）
国家版权局反盗版举报中心（举报电话：12390）　服务热线：010-88386794

前言

科技创新产品的时代已来临

科技创新产品驱动市场经济发展的时代已经来临,随着信息日益扁平化和产业竞争加剧,现今科技创新产品实现商业化主要面临下列挑战:

(1)科技创新产品创造者专注于构建产品技术壁垒,而在产品商业化打造上缺乏有效的方法。在信息获取高度扁平化的互联网时代,科技创新产品面临着诸多技术同质化的竞争,仅靠技术手段已不足以占据市场优势。

(2)当今的商业世界已经变得更加复杂。不确定性是互联网时代的主题,在高度不确定性的时代,无法将科技创新标准化和流程化。不确定性让产品的竞争者和行业边界日益变得模糊,产品的客户越来越挑剔,企业需要同时整合创新产品、软件、在线体验和服务以满足用户不断提出的新体验要求。企业如果还按照原有的科技创新产品研发制造和营销推广流程打造产品,则不再适应于新的商业环境。

（3）用户数据分析逐渐融入科技创新产品研发、制造、市场推广和用户使用这一完整生命周期中，成为打造成功的科技创新产品不可或缺的工具。科技创新企业对数据基础并未给予足够的重视。

一方面，无论是初创科技企业，还是领军企业的科技产品创新部门，都已面临着因市场日益增加的不确定性所带来的新挑战。根据之前的企业管理经验制定的完美创新方法论及流程已经不再适用。另一方面，现今市面上比较缺乏关于科技创新产品的指导书籍，大部分科技创新书籍都专注于介绍前沿科技发展技术，更像是科普读物或科技趋势调研报告，对已经选择某个细分领域作为经营业务的科技创新企业生存和发展指导意义不大。基于对科技创新领域项目的调研咨询经验，笔者认为适用于现在充满不确定性商业环境下的新思维和实践方法体系能够改善科技创新者在商业运作层面的窘境。故笔者试图通过本书为企业量身定制一套通用的科技创新产品战略思维和实践方法论体系。

本书基于对前沿科技创新发展趋势的理解，从企业创新产品的需求出发，对科技创新产品生命周期中的形成产品概念、设计原型产品、快速产品迭代、产品组织建设和

前　言

产品市场营销五大主要环节进行分析，为企业打造富有影响力和市场适应性的科技创新产品提供方法论、思维工具和案例参考分析。本书从以下五个部分内容叙述如何成功打造科技创新爆款产品：

第 1 章：科技创新产品基础认知。从科技创新含义开始，本书详细介绍了科技创新产品的现状、发展趋势和打造产品存在的典型误区。作为本书的开篇章节，第 1 章为后续打造科技创新爆款产品各类思维和方法介绍提供了基础知识。

第 2 章：企业科技创新思维的转变引擎。本部分基于科技创新产品的打造需要从企业管理层和员工运营思维战略转变开始这个观点，提供有助于企业思维转变的实践方法论，包括爆款思维、产品驱动思维、全周期创新思维、数据思维及场景创新思维五种新的思维模式。

第 3 章：科技创新产品打造流程模块的创新引擎。本部分以科技创新产品运营全周期为创新原则，包括科技创新产品设计思维工具的应用、产品敏捷创新打造方法、基于应用场景创造的产品迭代和更新模式。

第 4 章：科技创新企业组织创新引擎。本部分内容是实现科技创新企业高效组织的实践方法论，包括赋能型组织策略、积木型产品组织搭建和借助 OKR 工具推进创造科技创新产品进程三种组建秘籍。

第 5 章：科技创新营销推广变革引擎。本部分主要介绍科技创新产品市场营销推广和获客提升的新方法论，包括基于用户数据的营销新范式、组建增长小组提升产品市场获客能力及借助"场景"引爆产品市场三种方法。

此外，为了让读者更好地理解理论如何与实际项目结合，每一章都有案例分析内容。本书还精选未来十年前沿科技创新产品案例及基于产品特点提出分析，助力企业科技创新爆品打造参考。选择科技领域案例涵盖：人工智能、自动驾驶、机器人、基因编辑工程、3D 打印、物联网、增强现实、柔性电子、纳米材料和智能清洁能源十大前沿创新科技领域。

本书选择科技前沿创新产品为主题，离不开专业技术和理论的文字描述，但全书力求语言专业且通俗易懂，案例丰富，分析具有代表性，指导性强，并在每章内容中配上了作者原创的漫画插图，生动有趣地展现了案例中科技创新产品的使用场景，力求让读者通过阅读本书得到科技创新产品打造思维和方法论的提升。

未来是科技创新驱动经济发展的时代，各类前沿技术的推广使我们的生活变得更加美好。在你翻开本书阅读之前，笔者先祝愿所有的科技创新企业都能够创造出既能够改善人类的生活和生产，又能够赢得商业成功的科技创新爆款产品。

由于本书完成时间有限，如果各位读者在阅读过程中有不同的思考和观点，欢迎提出建议，批评指正。

汤历漫

2018 年 9 月

目 录

第1章 后科技创新时代,科技产品化面临的新挑战

1. 科技创新的定义 /3
2. 科技创新产品核心要素 /6
3. 科技创新产品迎来新的市场环境 /9
4. 从技术到产品,科技产品化模式亟须创新 /14
5. 未来科技创新产品发展趋势 /20
6. 打造科技创新产品的主要误区 /23
7. 科技前沿创新产品案例分析 /29

   领域1:人工智能 /29

   领域2:自动驾驶 /43

第2章 打造科技创新爆款产品,先从思维转变开始

1. 思维转变之一:科技创新产品人要具备爆款产品思维 /57
2. 思维转变之二:科技创新与科技产品创新并不是一回事 /64
3. 思维转变之三:让创新贯穿产品生命周期 /70
4. 思维转变之四:以"数据"话创新 /74

5　思维转变之五：围绕"场景"打造创新 /80

　　6　科技前沿创新产品案例分析 /84

　　　　领域3：机器人 /84

　　　　领域4：基因编辑工程 /95

第3章　科技创新爆款产品核心模块

　　1　科技创新爆款产品三大内因 /107

　　2　科技创新爆款产品三大外因 /110

　　3　模块一：产品概念形成——将产品经理思维模式扩展到公司全员 /114

　　4　模块二：产品原型打造——用设计思维塑造切中用户痛点的原型产品 /120

　　5　模块三：快速迭代——快速试验以寻找产品价值爆发杠杆 /129

　　6　模块四：品牌塑造——基于跨界融合的产品品牌策略 /135

　　7　模块五：经久不衰——拥有自适应企业文化的科技创新产品可持续发展模式 /139

　　8　科技前沿创新产品案例分析 /146

　　　　领域5：3D打印 /146

　　　　领域6：物联网 /157

第4章　科技创新爆款产品制造组织组建的三大秘籍

　　1　科技创新企业组织的四大基本特征——扁平化、跨部门协同、敏捷创新及信息透明 /169

2 组建秘籍之一：打破筒状深井结构——构建赋能型科技创新企业组织 /178

3 组建秘籍之二：基于项目的积木式创新——提升组织协同敏捷性和价值转化效率 /186

4 组建秘籍之三：项目推进管控创新——用OKR打造扁平化沟通组织 /193

5 科技前沿创新产品案例分析 /205

领域7：增强现实 /205

领域8：柔性电子 /213

第5章 科技创新爆款产品营销推广的实战新方法

1 科技创新爆款产品营销推广的新特征 /225

2 实战新方法之一：数据营销——基于用户数据的精准营销新范式 /233

3 实战新方法之二：组建增长小组以提升科技创新产品市场获客能力 /238

4 实战新方法之三：借助"场景"引爆科技创新产品市场销量 /243

5 科技前沿创新产品案例分析 /252

领域9：纳米材料 /252

领域10：智慧能源 /262

后　记 /273

推荐人评论 /276

第 1 章

后科技创新时代,科技产品化面临的新挑战

1 科技创新的定义

最早提出科技创新概念的人是美籍奥地利经济学家熊彼特，他定义的科技创新是指将一种或多种之前不存在的生产要素或条件通过构建函数的方式引入生产系统，转化成可以获利的商品或产业。如果没有科技创新，经济发展就仅仅是表现出数量上增减的"循环流转"均衡往复状态，数量上的积累不会发展成为质量上的进步，只有通过创新打破经济运行的常规轨道，让经济结构由内而外形成创造性的破坏重建，才能真正推动经济的快速发展。根据联合国科技活动内容分类，[①] 我国在20世纪90年代结合当时的国情，将研究与发展、研发成果应用和与研发活动有关的科技推广、服务活动纳入了科技创新范围。

早期我国学者将科技创新定义为采用新工艺和新技术，

---

① 联合国教科文组织科技统计处. 科学与技术统计资料收集指南, 1990.

尝试新生产方式或管理模式以增加产品技术含量，推出新产品，提高产品市场占有率的过程。① 根据我国的科技创新理论，科技创新产品具有以下几个基本特点：

（1）以技术为基础，经济发展活动中的创新体系包括技术和非技术两种形式，技术和管理、制度等共同组成创新体系。

（2）科技活动范围较大，创新产品中的科技变动范围可能是具有根本突破性，也可能是微小改善创新，在产品变革源头上包括研究开发的新知识、新技术和现有技术的新组合。

（3）注重技术与经济相结合，科技创新中技术进步的最终目的是通过提高产品技术含量实现经济和商业价值，开发适应市场需求的新技术才能获得经济效益。

（4）强调各相关部门的有效整合，科技创新作为涉及研发、制造、营销等部门的生产链，要完成创新活动必须做好各相关部门的管理协调工作。

（5）企业是科技创新的主体，科研机构的科技创新应用或产品研发活动在多数情况下倾向于对技术参数的严密把控而忽视市场真正的需求和运行规律；科技创新的最终目的是投入生产过程创造价值，所以需以企业为创新主体才能反映

---

① 周寄中，胡志坚，周勇. 在国家创新系统内优化配置科技资源 [J]. 管理科学学报，2002, 5（3）：40 - 49.

市场真正需求并坚持市场导向。

现有的科技创新定义及理论说明，创新科学技术需要以产品作为结果，结合商业模式投入市场运作中，而完成将科技创新转化为市场产品过程的主体就是企业，因此科技创新产品是集技术、设计、商业模式和营销包装于一体的复杂成果，并非只是先进科学技术的载体。

2 科技创新产品核心要素

科技创新产品的实现需要借助一些机遇。这些机遇既包括某个时期的商业机遇，也包括其他因素。德鲁克在《创新与企业家精神》中介绍了创新机遇，并提出创新机遇的七个来源：意外之事、不协调、程序需要、产业和市场结构、人口变化、认知的变化和新知识。科技创新产品的机遇包括技术革新、制度变革、消费习惯变化等六大方面（如图1-1所示）；科技创新产品至少满足其中一个机遇才能应时而生。

科技创新产品产生的六大机遇明确了科技创新产品的核心要素不能仅局限于技术创新一个方面。科技创新产品的创造主体常常是企业，企业的科技创新能力是企业自行开发或引入新技术，使企业满足或创造市场需求，并随着需求变化不断强化产品功能，最终获得经济效益和社会效益的能力。因此，科技创新产品核心要素包括技术创新、管理创新和营销创新（如图1-2所示），这三个要素相互渗透，互相支撑及互为动力。

第 1 章 后科技创新时代,科技产品化面临的新挑战

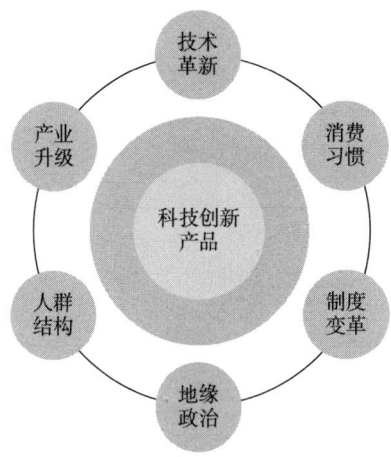

图 1-1 科技创新产品六大机遇

图 1-2 科技创新产品三大要素

科技创新产品核心要素1:技术创新

技术创新是通过改进现有产品或创造新产品来革新生产

过程的技术研发和生产活动。技术创新体现在科技创新产品的技术含量上。实现技术创新，技术人才和技术研发投入起着决定性作用。优秀的产品研发团队能够掌握核心技术，开发出具有竞争力的好产品，将技术优势转化为产品的市场优势。

科技创新产品核心要素2：管理创新

从宏观上看，管理创新包括社会政治经济方面的管理制度创新；从微观上看，管理创新是指企业和产品部门在管理层面建立创新的文化，并创造性地高效应用于管理的每个环节。完善的科技创新产品管理体系能使企业各级管理层及团队均有创新、高效协同及灵活应变的能力。

科技创新产品核心要素3：营销创新

营销创新是指根据市场环境的变化情况，利用企业自身的资源条件和经营实力，在营销过程中的某个或某些方面实现变革和突破的过程。科技创新产品的营销创新是一种服务方式的创新，产品最终都需要通过销售和售后服务实现价值的转换。如今，新的市场营销传播和科学调研分析手段的出现，将助力科技创新产品在营销上实现更多的创新途径。

3　科技创新产品迎来新的市场环境

我们正处于一个科技创新产品爆发的时代,技术进步对各产业的生产和销售正产生着充满创造性的颠覆,这些创新技术能够提高生产率、降低生产成本、降低产品服务价格、促进居民生活水平提高,进而推动企业商业模式和区域经济转型的实现。

当前全球技术创新环境呈现出一些显著的特征。首先,全球创新已经进入活跃期。随着全球新一轮技术创新和产业变革的到来,科技创新已经进入颠覆式创新阶段,并且呈现出交叉融合创新和群体跃进的发展态势。我们所处的这一轮全球技术创新是对传统产业链和价值链的革命性颠覆——通过创新驱动,在互联网技术、人工智能技术等引领下,开创新的产业部门,实现跨产业链整合下的企业价值链重构,这种态势必定会打破长期以来以欧美等主要发达国家为主导的创新垄断局面,促进创新的全球化和多极化趋势。其次,全球的技术创新呈现出综合化发展趋势，交叉产业融合和群体跃进态势日益明显。从创新过程来说，科技产品创新已经不是单纯地从技术研发到产品设计投放市场的过程，而是涉及市场转化、企业发展模式创新、用户需求再造和产品营销方式变革的过程。最后，全球技术创新的国际协同趋势日益凸显。创新全球化成为世界潮流，当前的经济全球化和互联网的普及催生了技术、人才和其他创新资源在不同国家之间的跨国流动，开放与合作的技术产品创新模式已经被国际社会广泛认同。新兴经济体或发展中国家可以利用本国累积的技术和人才等创新资源，和跨国公司展开创新合作，进行协同科技产品创新，以提升本国科技产品创新实力；而跨国公司也可以利用所在国家的创新资源，通过协同创新，提升创新速度和效率。当今全球创新版图正在加速重构，科技创新成为各国实现经济再平衡、打造国家竞争新优势的核心。

科技前沿技术的创新能够有效缩小发展中国家与发达国家在产品市场竞争力上的差距，一些科技前沿技术已显示出未来可持续发展的巨大潜力。大数据分析通过提供实时信息流，可以帮助管理和解决一些全球关键性问题，实现新的科学突破，促进人类健康发展并改善决策。物联网可以监控和管理连接物体和机器的状态和行为，可以更有效地提升人利用物品和机器生产的效率，这两项技术在医疗、农业、能源、家居等领域有重要应用。同时，包括图像识别、分析问题、逻辑推理和解决问题的人工智能技术会让人类得到超越自身智力局限性的生产能力，特别是与机器人技术相结合，还能改变制造业等产业的生产流程和业务发展模式。3D打印技术也具备这样的潜力，因为该技术可以更快、更低成本和更精准地小批量生产复杂的产品和产品零部件，并使企业快速迭代成新的产品制成品。3D打印技术能够减少运输零部件的成本和时间，还可以给医疗、建筑和教育领域带来收益。生物技术的飞跃使人类医学能够对特定的基因进行编辑，从而在某些条件下可以结合人工智能和大数据进行个性化治疗，还可以对动植物进行基因改造，让农产品具备某些提升生产效率的优良特性。几乎接近无限小材料的纳米技术在能源、农业、通信技术和医药产业等领域得到了重要应用。可再生能源技术在集中式电网系统无法进入的区域实现了供电。而无人驾驶则可能革新物资运送的常规方式，实现精准定位生产并代替人类完成危险的任务。

近年来，我国的新技术创造急速涌现。从发明专利和著作权申请量来看，根据国家知识产权局的统计，[①] 2013年以

---

① 2017年中国知识产权发展报告.中国国家知识产权局，2017.

来，我国的新技术创造发展呈现加快上升趋势。2016年，我国全年发明专利申请量达到138.2万件，同比增长14.2%；我国在世界专利体系PCT国际专利申请受理量达到5.1万件，同比增长12.5%，排名跃居全球第二。另外，我国2016年作品和计算机软件著作权登记量分别达到200.2万件和74.54万件，同比增长分别为25.15%和82.79%。发明专利等知识产权创造发展自2013年开始加速增长的现状与"十八大"之后我国实施创新驱动发展战略，将创新摆在国家发展全局的核心位置的政策密不可分。国内政策驱动和对技术创新的密集支持举措有力促进了知识产权创造数量、质量和效率的增长。

然而，我国技术创新转化为商业价值的转化率并不高。根据国家知识产权局的调查，[1] 如果用专利产业化率（用于生产出产品并投放市场的专利件数占我国拥有的有效专利数量比例）来衡量技术创新转化为商业价值的情况，我国2016年总体专利产业化率仅为34.6%。从专利权所有者来看，企业相对较高，产业化率为44.5%；而高校仅为2.9%。相比之下，发达国家的科技成果转化率可达60%~70%。另外，我国核心技术对外依存度较高。通常认为，创新型国家的对

---

[1] 2017年中国专利调查报告．中国国家知识产权局，2017.

外技术依存度为30%以下,而我国达到了40%以上,核心和关键技术对外依存度甚至高达50%~60%,[①]例如,我国汽车2017年产量达到2901.5万辆,排名全球第一,但汽车发动机的核心部件仍基本依赖进口。专利数量的快速上升,正是对我国科技创新的鼓励政策产生的正向效应的生动例证,但是专利数量的增长并不能作为我国企业和科研单位的创新水平的唯一评价指标,真正有用的专利应该是能够转化为生产力(产品)的专利。专利在一个国家经济发展中转化率指标的高低,更接近反映一国的"智造"潜力。如何进一步提高专利的产品转化率,即企业和科研机构如何有效地将科技创新技术转化为具备投放市场条件的新产品,现已摆在科研机构和企业面前,成为一个亟待解决的问题。

[①] 中国国家统计局.2017年中国创新指数研究,2017.

4　从技术到产品，科技产品化模式亟须创新

一边是创新科技技术转化为产品率需要有效提升，而另一边，是当今创新环境对我国科技创新产品提出了新的市场化挑战。

要求1：互联网进入下半场，人口和时间红利逐渐消失，科技创新产品需找到新的市场增长模式

如今互联网已经高度普及，现在的互联网行业，无论是线上还是线下的应用和服务都已经极大地丰富，但是用户的时间是有限的。对于用户整体容量的挖掘，各行业都几乎已经看到了天花板。市场调研公司 QuestMobile 的报告显示，[1] 相比 2016 年同期，2017 年国内移动网民月人均单日使用时长、使用天数略微下降，用户对移动设备使用依赖度变化不大，互联网用户整体上对手中那块小屏幕移动电子设备的使

---

① QuestMobile. 2017 年中国移动互联网年度报告，2017.

用需求已经接近停滞。对于目前需要借助互联网来创业创新的企业而言，用户使用时间分配更为聚焦了，手机软件APP使用集中度越来越高，新出现的APP获取流量已经非常困难。同时，统计显示，人均新安装APP数量明显减少，这意味着如果现在企业没有进入用户的手机里，未来进入的难度将会越来越大。

同时，通过互联网转化有效流量以实现获客的成本提高。根据调研，[①] 与2013年的互联网获客成本相比，现在的互联网获客成本上升了3~10倍不等。各行业的互联网产品获客成本都显著提升。2013年至今，手机游戏的平均获客成本从十几元上升到了100元以上，垂直行业的APP获客成本普遍超过了100元，而互联网金融企业获客成本上升幅度更大，2016年平均获客成本已经上升到了1000~3000元。通过互联网有效获客的企业产品发展模式在如今的市场环境中越来越具有挑战性，一批创业公司几乎都"死"在了获客阶段烧钱过多引发的资金链断裂。互联网下半场对创新科技产品的投放市场提出了挑战，依靠互联网做产品推广和增加客户之路相比之前越发不好走，科技创新产品需要找到新的市场运作途径。

---

① 互联网行业报告：移动流量红利耗尽之后的"新常态"与"新思维". 国金证券，2017.

要求 2：科技创新技术产品技术获取门槛降低，技术及产品同质化严重，导致市场竞争激烈，科技创新企业需要找到新的产品运作模式

互联网使技术创新的信息更高效、共享和透明，也加速了科技创新产品的同质化，市场竞争日益激烈。以我国智能硬件行业为例，智能硬件以智能传感互联、人机交互、新型显示及大数据处理等新一代信息技术为特征，目前随着技术升级、关联基础设施完善和应用服务市场的不断成熟，产品形态已经从以智能手机为主延伸到智能穿戴设备、智能家居、智能车载、医疗大健康、智能无人系统等，成为信息技术与传统产业融合的交汇点。随着新兴技术的快速发展以及国家政策的大力支持，我国智能硬件市场规模迅速扩大。咨询公司显示，中国 2017 年智能硬件及其服务的市场规模为 3999 亿元，并且总体保持稳定增长趋势。但随着全球科技创新的速度加快，智能硬件已经成为全球竞争的战略要地，产品跟风和同质化严重。如果聚焦到智能硬件中的智能家居行业，就是越来越多的企业看到了智能家居行业的商机，纷纷入驻，加速了对智能家居产业的布局。国外巨头谷歌、苹果、三星纷纷推出了智能家居平台，国内零件企业京东搭建了 JD + 平台，海尔成立了 U + 平台，小米推出了智能家居套装产品，还有美的、联想等企业也积极投身到智能家居产业中。领军企业投入大量的人力和财力去布局智能家居市场,也提升了智能家居产品市场的进入和运作成本。智能家居的发展前景广阔,但作为一个高新技术产业,没有一定的技术积累、科技创新能力及市场运作能力,企业很难做出适应用户需求的优质产品。目前市场上智能家居产品在功能和宣称的技术创新上并没有什么亮点,如智能插座,所宣称的功能大多为远程控制、预约定时、充电保护、用电安全、智能多控等,这些功能大同小异,也无法让用户体验到智能插座带来的生活便利。

智能硬件产品的产业市场化问题具有代表性,揭示了如今科技创新产品主要面对的三个问题:一是科技创新产品主要集中的应用细分领域有限(如在健康产业或家居产业等),但产品数量非常多,同质化比较严重,让人眼前一亮的产品比较少;二是大多数科技创新产品因为技术或企业创新能力限制,产品功能比较单一,无法获得多功能产品带来的市场优势;三是科技创新产品的市场销售和用户使用数据利用率及管理效率比较低,产品也没有后续针对不同用户提供个性化服务。此外,科技创新产品平台泛滥,每家企业都想建立自己的生态圈,不同平台之间的协作创新较少,畅销单品比较缺乏,产品的产业链不成熟,这些也是科技创新产品市场面临的问题。科技创新企业和产品要获得市场成功,就要突破现状，实现更多的创新飞跃。

要求3：技术已经不是科技创新产品被用户接受的唯一理由，企业需要将产品、服务和销售平台系统结合起来，推出一套完整的市场营销新方法

一款新上市的前沿科技产品如何卖得更好？很多科技创新产品企业都认为，产品营销的目标种子客户是追求前沿科技新潮流的极客人群，因为这些极客（也叫"科技新产品发烧友"）更愿意购买新的科技，作为第一批种子用户，可以带动更多其他大众用户。但极客用户并不是前沿科技产品种子用户的合适人选，一个没有找准种子用户，寄希望于极客玩家的科技创新产品注定是失败的。产品初期需要关注核心价值用户，而不是追求新奇的极客用户。智能穿戴产品Snap眼镜的失败就说明了这一点。Snap公司在2016年9月24日发布了Spectacles智能太阳镜。用户能通过轻触眼镜来拍摄10～30秒的短视频，并上传到图片社交分享网站Snapchat和朋友分享。眼镜有黑、红、蓝三种颜色，配有一个随时充电的眼镜盒，定价129.99美元。这的确是第一款给大众人群设计的拍照眼镜，拍摄视角独特，价格不算离谱。然而真正引爆用户热情的，是Snap公司独特的营销方式。开售初期它只能通过一个叫Snapbot的柜子售卖，工作人员会把Snapbot随机放在美国的各个地方。而它出现的地点，官方只会提前24

小时公布消息。2017年2月，公司结束这种营销活动，开始在官网正常售卖产品，Spectacles智能太阳镜一时风光无两。但2017年10月，市场研究机构The Information公布的真实市场数据把Spectacles拉下了神坛：购买一个月以后还会使用的用户不足一半，相当一部分用户一周后便不再使用该产品；库存严重，成千上万的Spectacles智能太阳镜在仓库中无法卖出。Spectacles智能太阳镜产品本身的各种问题也开始显现：售价太高、办公室等场景都不合适戴太阳镜、意见领袖（KOL）发动不到位、拍摄效果不佳、视频导出速度太慢、人们对摄像头有恐惧。Spectacles智能太阳镜是一个好看的眼镜，却不是一个好相机，拍摄效果远比不上手机和运动相机。在相机最本质的拍摄层面已经无法立足，再怎么营销发力都无济于事。2017年第二季度，公司公布的数据表明，智能眼镜Spectacles的销售量大约下降了35%。对于Snap来说，初期的产品营销水平非常高，这显然不是制约产品的核心要素。产品给用户带来的体验不佳是高明的市场营销手段所不能弥补的。

5 未来科技创新产品发展趋势

当前科技创新正在加速推进,并广泛渗透到人类社会的各方面,只有认清科技创新产品发展趋势,才能顺势而为,抢抓新的市场和产业机遇。当前世界科技创新产品发展正呈现出三大趋势:

趋势1:颠覆性技术层出不穷,原有产品将快速迭代,新产品、新市场也会纷至沓来

作为全球研发投入最集中的领域,信息网络、生物科技、清洁能源、新材料与先进制造等正孕育着一批具有重大产业变革前景的颠覆性技术。量子计算机与量子通信、干细胞与再生医学、合成生物和"人造叶绿体"、纳米科技和量子点技术、石墨烯材料等,已展现出诱人的应用前景。人机共融的智能制造模式、智能材料与3D打印结合形成的4D打印技术,将推动工业品由大批量集中式生产向定制化分布式生产转变,引领"数码世界物质化"和"物质世界智能化"的潮流。这些颠覆性技术将不断创造新产品、新市场需求、新业态，为经济社会发展提供前所未有的驱动力，推动经济格局和产业形态深刻调整，产生更多新的产业和市场机遇。

趋势2："互联网+"蓬勃发展，将全方位改变人类的生产生活

新一代信息技术发展和无线传输、无线充电等技术实用化，为实现从人与人、人与物、物与物、人与服务互联向"互联网+"发展提供了丰富高效的工具与平台。随着大数据的普及，人类活动将全面数据化，云计算为数据的大规模生产、分享和应用提供了基础。工业互联网、能源互联网、车联网、物联网、太空互联网等新网络形态不断涌现，智慧地球、智慧城市、智慧物流、智能生活等应用不断拓展，将形成无时不在、无处不在的信息网络环境，对人们的交流、教育、交通、通信、医疗、物流和金融等各种工作和生活需求做出全方位及时智能响应，推动人类生产方式、商业模式、生活方式、学习和思维方式等发生深刻变革。互联网的力量将借此全面重塑人类社会，使人类文明继农业革命、工业革命之后迈向新的"智业革命"时代。

趋势3：科技创新产品更加以人为本，绿色、健康、智能成为引领科技创新的重点方向

未来科技将更加重视生态环境保护与修复，致力于研发低能耗、高效能的绿色技术与产品。以分子模块设计育种、加速光合作用、智能技术等研发应用为重点，绿色农业将创造农业生物新品种，提高农产品产量和品质，保障粮食和食品安全。基因测序、干细胞与再生医学、分子靶向治疗、远程医疗等技术大规模应用，医学模式将进入个性化精准诊治和低成本普惠医疗的新阶段。智能化成为继机械化、电气化、自动化之后的新"工业革命"，工业生产朝更绿色、更轻便、更高效的方向发展。服务机器人、自动驾驶汽车、快递无人机、智能穿戴设备等的普及，将持续提升人类的生活质量，提升人的解放程度。科技创新在满足人类不断增长的个性化多样化需求、增进人类福祉方面，将展现出超乎想象的神奇魅力。

6　打造科技创新产品的主要误区

笔者接触过多个科技领域创业项目团队,在与这些项目负责人交流产品打造和商业模式的过程中,有感于科技创新领域存在几大常见误区,在此对这些误区进行总结,供各科技创新产品研发团队参考。科技创新项目面临着技术和商业模式的双重挑战,这些误区如果不及时规避,甚至会影响到科技创新产品是否能够顺利生产,更别提打造科技创新爆款产品了。

误区1:把科技创新等同于产品创新,认为创新科技含量高的产品就有市场

科技创新是一个复杂互动的过程,需要高度的组织化和专业化。一些科技创新产品团队在研发部门和实验室中苦干创新技术研发,在整个产品的展示过程中也极力推广和描述产品革新技术的一面。但产品团队会忽略到以下两个问题:

第一,产品用户或投资人并不具备足够的产品研发技术知识背景，或产品用户关注的并非产品蕴含的先进技术和知识专利内容，而更在乎产品在其生产和生活中如何提升自己的生产效率和生活品质。

第二，产品经过整体装配和包装设计，也许从外观上无法清晰地获取产品所采用的高新技术，用户和投资人在接触产品的时候由于与研发团队信息不对称，需要时间去适应和理解产品技术先进的亮点与产品功能是如何有机结合的。

如果产品制作团队在展示产品的过程中没有合理诱导用户去理解先进技术与用户需求之间的关联，只是展示产品先进技术是如何运作的，可能就会给用户带来一个疑问：为何要采用如此先进的技术去实现一个其他普通技术也能实现的功能？产品人提供的先进技术描述貌似只能提高产品的售卖价格，而不会更好地满足我对产品的需求。进而，用户失去对产品的兴趣，使产品遭遇市场失败。因此，希望各位科技创新产品创造者在项目筹备启动期就明确科技创新不是产品唯一的创新；同时产品中的科技创新一定要与最后用户需求满足效率提升和用户体验改善关联在一起。

举个例子，某无人机初创项目创始人在产品研发过程中过度投入在无人机的技术研发中，专注于无人机飞行风动测试、技术组建和技术创新，却忽略了资金分配和原型产品用户测试，最终导致启动资金花完而项目被迫中止。在与该项目创始人沟通的过程中,其描绘技术方面对答如流,但问到资金如何分配和产品如何运营,创始人表示没有考虑过这些问题,只是先专注于将产品技术研发创新做好。作为项目创始人,应该从立项初始就明确科技创新并不是产品创新的全部。

误区2:科技创新项目追求高新技术装备,认为唯有高新技术装备才能造出科技创新产品,资产布置方向偏离中心

一些科技创新产品项目认为产品研发装备反映了项目和企业的整体水平,要打造科技创新产品先追求高新科技装备。公司整体发展战略也从传统的企业迅速转变为大规模投入资金购置高科技研发装配设备的现代化高新科技企业。有的企业从国外引入先进的技术设备,却因为没有合格的操作人员,需要高成本地雇用国外设备制造商的技术维护人员和购置其他高成本配套原料和附属设备等,造成企业运营成本过高,影响到企业的核心产品打造进程,最主要的影响是耽误了科技创新产品面市的时机,造成不必要的损失。

先进技术设备具备高时效性、高投入性和高折旧性,并且随着时间的推移,先进技术设备会被更新、更先进的技术设备代替,而且会面临设备老化维护等问题。因此,建议各位科技创新项目负责人将先进的研发装配设备作为产品研发的一个综合因素而非唯一因素考虑,在同步考虑产品研发软硬件的前提下，合理控制研发设备原料成本，加快科技创新产品的生产和投放市场的进程，让科技创新产品早日面市，尽快调整产品以应对市场需求，提高科技创新产品升级成为爆款的时机。

笔者曾遇到过一位智能自选超市货物柜创业项目创始人，其研发的技术是在自选超市货物柜上采用最先进的人脸识别摄像头屏幕以及先进的微型机械手。人脸识别用于会员身份认证并购买优惠价商品，而微型机械手则是在自选超市货物柜里输送货物，确保货物更精确地摆放和补货。笔者对该技术提出的疑问是，结合最新的技术设备之后，该货物柜的造价是多少，内部商品都是常用的快消品，这样的商品销售额是否能够让货物柜收回成本。创始人回复说已经采用了最新的技术和设备，不会无法收回成本，此刻他已经在思维上过于依赖核心先进技术装备，却没有从市场和商业的角度考量他的产品投资收益问题。

误区3：认为高新技术会带来高附加值及融资吸引力，产品发展方向偏离了企业的根本

企业打造科技创新产品，旨在实现高额市场利润，这是企业可持续发展的核心动力。企业采用高新技术，会带来不同程度的经济效益，如对企业融资说服力的提升和对企业股票的影响是非常可观的。但这些效益是有限的且不可持续的，当今经济全球化、信息化和一体化明显，每项新科技几乎不可能被某一家企业垄断。随着高新技术的传播、扩散和转移速度不断加快，其带来的效益随着市场竞争加剧和更多企业使用更新会加快转移和消失。同时，风险投资具有高风险、高回报的特性，短期追逐资本利益对企业技术进步和企业产品发展未必会起到正面的作用。资本市场容易产生"泡沫式繁荣"，在表面"繁荣"时期，企业更需要冷静思考该项技术创新产品的市场用户规模和企业估值是否像当前市面上评估的这么高，甚至这项技术产品的需求是真实存在，还是一种伪需求。

企业要实现长期的高新技术产品效益，打造出真正引爆市场需求的产品，就需要不断技术创新和产品创新。技术层面上需要诸多技术学科齐头并进，产品层面上需要产品不断与市场用户需求磨合迭代，是一项系统化的工程。推出一款科技创新爆品需要产品人真正用心投入产品研发设计打磨，而非追赶迎合投资和国家技术支持的热点，或是追求科技创新企业规模扩张。这些短期内的盈利即使可观，也比不上市场用户购买科技创新产品带来的持续性利润更有利于企业的生存和发展。

笔者曾为一家智能家居制造企业做过咨询。这家企业发展态势不错，在北京有 10 多家直营店，全国有 20 多家分销商。因为资金问题，公司负责人想咨询要不要通过直营店的经营模式涉足分销金融领域的方式去融资，而用来吸引融资的除目前已有的产能和分销渠道之外，还有提升智能家居的科技创新含量。针对这样的咨询，笔者会建议创始人谨慎考虑开展分销金融的模式，因为该店的科技创新产品尚未成型，如果此刻融资会形成资本对企业估值和企业产品服务的过高预期，企业智能家居产品体系跟不上，没有好的智能家居产品，会直接影响到投资方的高预期不能实现，而企业已经拿着融资去扩大经营和生产研发，如果此刻投资方终止投资，则该企业的资金链断裂会产生更大的影响，甚至可能影响到企业的生存。

7 科技前沿创新产品案例分析

领域1：人工智能

【人工智能案例1】腾讯发布首个 AI 辅诊开放平台：可诊断、预测 700 多种疾病[①]

2018年6月21日，腾讯正式发布首个 AI 医学辅助诊疗开放平台，宣布开放旗下首款 AI + 医疗产品"腾讯觅影"辅诊引擎，助力医院 HIS 系统、互联网医疗服务实现智能化升级，构建覆盖诊前、诊中、诊后的智慧医疗生态。

"腾讯觅影"的 AI 辅诊引擎也成为国内首个开放的医疗 AI 引擎。腾讯副总裁陈广域表示，希望"腾讯觅影"能成为医院和医疗信息化厂商的"工具箱"，助力医疗行业打造面向下一代智能医疗服务的"超级大脑"。同时，腾讯还与多家医疗信息化企业以及医疗机构分别签署了人工智能战略合

---

① 腾讯发布首个 AI 辅诊开放平台：可诊断、预测 700 多种疾病，腾讯觅影，2018年6月21日，https://miying.qq.com/official/detailnews/623，有删节。

作协议。

国内首个开放的医疗——AI 引擎

作为腾讯首个将人工智能技术应用在医学领域的产品，"腾讯觅影"具备 AI 医学图像分析和 AI 辅助诊疗两项核心能力，与国内 100 多家顶尖三甲医院达成了合作。基于"腾讯觅影"在 AI+医疗探索上取得的突破，国家科技部明确依托腾讯承建国家新一代人工智能开放创新平台。而此次腾讯发布首个 AI 辅诊开放平台，则是继 2017 年 11 月 13 日"腾讯觅影"首次发布 AI 辅助诊疗能力后，首次宣布开放"腾讯觅影"AI 辅诊引擎。未来，医院、医疗信息化厂商可以通过开放的接口使用"腾讯觅影"AI 辅诊引擎，定制化打造覆盖诊前、诊中、诊后的智能化医疗服务。

据介绍，"腾讯觅影"AI 辅诊引擎通过模拟医生的成长学习、积累医学诊断能力，能辅助医生诊断、预测 700 多种疾病，覆盖全学科，涵盖了医院门诊 90% 的高频诊断。与人类医生的学习路径相似，"腾讯觅影"AI 辅诊引擎也遵循类似的学习过程：医科学生的成长经历了熟读医学书籍的积累期，临床实习的诊断技能提升期，以及大量临床实践的医生期，才有可能成为医学专家。而"腾讯觅影"的 AI 辅诊能力成长也经历了三个阶段，才能为医生提供专业的决策辅助。首先，运用腾讯 AI Lab 广泛应用在腾讯服务中的自然语言处理和深度学习等人工智能技术，学习、理解和归纳权威医学书籍文献、诊疗指南和病历等医疗信息，自动构建出一张"医学知识图谱"；其次，基于病历检索推理和知识图谱推理，建立诊断模型；最后，在人类医学专家的校验下，优化诊断模型。

2017年11月13日首次发布AI辅诊能力以来，"腾讯觅影"AI辅诊引擎也迎来了能力的升级：目前其储备了约50万条医学术语库，超过20万条医学标注数据库，超过100万条术语关系规则库，超过1000万条健康知识库，超过8000万条高质量医疗知识库以及超过1亿条的开放医疗百科数据，涵盖了绝大部分对外公开的权威医学知识库。

开放的"腾讯觅影"AI辅诊引擎将成为医疗服务智慧化的工具箱。通过开放接口，医疗信息化厂商可以将"腾讯觅影"AI辅诊引擎与医院的HIS系统融合，让医院HIS系统具备AI辅诊能力，实现医院内部数据与应用的共享共通，实现医院HIS的智能化。其中，临床辅助决策支持系统（CDSS）应用AI辅诊能力后，将辅助医生提升对常见疾病的诊断准确率和效率，并为医生提供智能问诊、参考诊断、治疗方案参考、意图分析、辅助知识库和结构化电子病历等辅助决策服务。

通过开放引擎，腾讯开启"POWERED BY 腾讯觅影"的合作模式

依托"腾讯觅影"AI 辅诊引擎和微信智慧医院生态，医院和医疗信息化厂商能实现移动医疗服务的智慧化升级，在诊前通过 AI 导诊、AI 分诊预诊，提升诊前信息收集的精确度和效率，诊后 AI 随访等新的应用场景也可以在诊室之外实现医生与病人的智慧化沟通。

未来，通过腾讯 AI 辅诊开放平台，"腾讯觅影"的 AI 辅诊能力将帮助医院以及医疗信息化厂商实现智能化，打造自己的"医疗超级大脑"，构建覆盖诊前、诊中、诊后的智慧医疗生态。

【人工智能案例 1 分析】

"人工智能+医疗"指的是人工智能对医疗领域的改造，如今医疗产业边界已经从疾病的治疗扩展到药品、保健、生物技术等医疗相关的各领域。人工智能的加入不仅使医疗生产活动成本降低、效果增强，而且推动了医疗产业整个产业链的创新发展。我国正处于医疗人工智能的风口，2016 年中国人工智能+医疗市场规模达到 96.61 亿元，2018 年达到

200亿元。① 另据世界知名咨询公司麦肯锡统计,② 到2025年,人工智能应用市场总值将达到1270亿美元,其中医疗行业将占市场规模的1/5。

目前"人工智能+医疗"产品面临以下几个瓶颈和挑战:

首先,数据的积累和创新应用。数据是人工智能技术最重要的因素之一,对于医疗人工智能而言,数据的重要性更加明显。人工智能技术产品所需要的医疗数据一般从公开数据或某个医疗企业、某个医院合作采集,但是医疗设备如果层厚、电流、电压、扫描时间等参数不同,数据建模就需要重新针对新设备机型进行数据预训练。此外,病人接受检测时候的姿势(如侧卧、平躺或俯卧等)也会对数据建模产生影响,因此数据问题能否解决是医疗人工智能诊断产品能否广泛应用的关键。

其次,从试验到临床应用的突破。医疗机构和企业在构建数据模型时通常会有自己的数据库,并采用自身研发的算法对数据进行建模训练并验证数据模型的准确性。在没有得到临床验证前,基于自身标准或特定数据集的实验室测试结

---

① 人民网. 从前沿技术到应用现实"人工智能+医疗"如何治病. [EB/OL] [2018-06-25]. http://capital.people.com.cn/n1/2018/0625/c405954-30081790.html.

② 麦肯锡. 中国人工智能的未来之路, 2017-03-31.

果并不具备太多的实际意义。但临床的数据采集、数据格式、诊断标准和应用场景都很复杂，如何采集筛选有效数据并构建统一分析标准是医疗人工智能产品亟待解决的问题。

最后，寻求可持续的商业模式。目前人工智能+医疗企业主要与单点医疗机构开展合作，数据作为医疗机构的资产也难以让企业通过医疗人工智能产品置于医院边界外使用。同时，医疗人工智能产品想以销售软件的形式让医院按需、按量付费存在困难。因此，寻求可持续发展的商业模式是医疗人工智能产品和人工智能+医疗产业能够长久发展的关键。

案例中互联网巨头腾讯构建的人工智能+医疗平台，能够借助自身强大的实力整合医疗人工智能数据、企业和产品资源，通过辅助引擎推动人工智能与临床医疗的产业化落地，为医疗人工智能技术产品的可持续发展搭建平台生态，对人工智能+医疗产业化具有全面推动意义。

第 1 章 后科技创新时代，科技产品化面临的新挑战

【科言漫语】01 AI：问诊

【人工智能案例2】 Google Duplex：能打电话完成真实世界任务的 AI 系统①

长期以来，人类和计算机之间交互的目标都是希望两者之间可以进行自然的对话，就像两个人之间讲话那样。近几年来，计算机理解和生成自然语音的能力出现了革命性的提高，谷歌语音搜索、WaveNet 之类基于深度神经网络的技术功不可没。

即便如此，当前最先进的人机对话系统也仍然只有生硬的电子声音，而且也不理解人类的自然语言。具体来说，自动呼叫系统即便只是识别简单的单词和控制指令也不令人满意，更不用说和人进行自然的对话了。打电话的人需要调整自己的说话方式来适应系统，系统却没办法适应打电话的人。

2018 年 5 月 9 日，谷歌发布的 Google Duplex 就包含了新的技术，它可以打电话给人类，通过自然的对话完成一系列真实世界的任务。这项技术目前针对的是执行一些特定的任务，如为某几类活动约定时间。在这些任务中，Duplex 能让对话过程尽可能地自然，电话另一端的人类可以像和另一个人说话一样自然地交流，无须做任何调整，甚至实际上对方可能根本就没有发现这通电话不是人类打来的。

在这项技术的研究中，一个重要的研究要点是把 Duplex

---

① Google Duplex：能打电话完成真实世界任务的 AI 系统凤凰网科技频道.[EB/OL][2018-05-09]，http：//tech.ifeng.com/a/20180509/44987078_0.shtml.

的功能限制在封闭的场景中，这些场景涵盖的内容足够少，以至于 AI 系统可以充分地探索学习。相对应地，Duplex 经过这些场景的深入训练后，也就只能执行这些场景内的自然对话任务，还不能和人进行一般的对话。不过，在这些任务中，Duplex 带来了令人惊喜的表现，对话过程对人类来说非常舒服。

认识 Duplex

借助语言理解、交互、时间控制、语音生成方面的最新技术发展，Google Duplex 的对话听起来相当真实自然。

Duplex 的核心是一个 RNN 网络，它是由 TensorFlow Extended（RFX）构建的。为了达到高精度，谷歌用匿名的电话对话数据训练了 Duplex 的 RNN 网络。这个网络会使用谷歌自动语音识别（ASR）的识别结果文本，也会使用音频中的特征、对话历史、对话参数（如要预订的服务、当前时间）等。谷歌为每一种不同的任务分别训练了不同的理解模型，不过不同任务间也有一些训练语料是共享的。最后，谷歌还利用 TFX 的超参数优化进一步改进了模型。

生成自然的语音

谷歌联合使用了一个级联 TTS 引擎和一个生成式 TTS 引擎（其中使用了 Tacotron 和 WaveNet），根据不同的情境控制语音的语调。

这个系统还可以生成一些语气词，这也让语音变得更自然。当级联 TTS 需要组合变化很大的语音单元，或者需要增加生成的停顿时，语气词就会被添加到生成的语音中，这就让这个系统可以一种自然的方式向对方示意"是的，我听着呢"或者"我还在考虑"。

另外，系统的延迟也要能够符合人类的期待。例如，当一个人在电话里讲了"你好"这样的简单句子之后，他们会希望很快听到一个简短的回复，这种时候会对延迟更加敏感一些。当 AI 系统检测到需要短延迟的情境时，就会使用更快但精度也更低的模型来处理。在某些极端情况下，系统甚至都不会等待 RNN 运行，而是直接使用快速逼近模型。这样的做法就可以让系统达到 100ms 之内的极短延迟。

系统运行

Google Duplex 系统可以进行复杂的对话，它可以全自动地完成大多数任务，不需要任何人类参与。系统也有一个自动监控机制，不仅成功完成一个任务后可以给用户弹出提醒，还可以识别出没能成功完成的任务（如处理某个异常复杂的预订）。在这种情况下，它会给人类操作员发出一个指令，转交给人类完成任务。

为了在训练系统处理新的情境，谷歌也使用了实时监督训练。这种训练方式和许多事情的教学方法类似，都有一个教学者指导一个学生，边做边提供必要的指导，确保任务的执行效果达到教学者的质量要求水平。在 Duplex 系统中，有经验的人类操作员就可以作为这样的教学者，当系统打电话处理新的、不熟悉的情境时，人类操作员就可以实时影响系统的行为。这样的边做边学的过程可以一直持续到系统达到理想的表现为止，然后系统就可以全自动地打电话了。

有益于用户，也有益于商家

许多商户并没有自己的在线预订系统，使用的仍然是人工预订。Duplex 就可以帮助他们，无须改变每日的行为惯例或者培训员工，就可以让用户通过 Google Assistant 轻松完成预订。Duplex 也可以减少用户"放鸽子"的情况，可以在手机上自动提醒用户预订事项，以及帮助用户轻松地取消或者重新安排时间。

但在一些情况下，用户会打电话向商户询问营业时间，如节假日期间的营业时间，一般在店铺的在线信息页面是看不到的。Duplex 打电话询问之后可以通过谷歌服务把这个信息公布出去，省去其他用户打同一个电话、问同样的问题的精力，也帮商户节省了人力。同时，商户就像往常一样正常营业即可，这项新技术并不需要他们学习任何技能或者做任何改变就可以享受到便利。

对用户来说，Google Duplex 当然可以帮助他们轻松地完成它支持的各种任务。用户只需要和 Google Assistant 做简单的互动，Duplex 就会自动在后台打电话，并且自动补全所需的用户信息。

Duplex 还能给用户增加一项便利，就是可以非同步地作为服务提供商的代理，如在非营业时间给商户打电话，或者在手机信号不好的时候，Duplex 就成为一个额外的信息获取途径。它也可以帮助残障人士或者语言不通的用户，替听力受损的用户打电话完成预约，或者替用户用另一种语言完成任务。

【人工智能案例 2 分析】

人机交互是人工智能的重要应用领域，而语音识别将是近来人机交互的主要模式之一。语音识别是以语音为研究对象，通过信号处理和识别技术让机器自动识别和理解人类的口述语言之后，将语音信号转换为相应的文本或命令的一门技术。

目前，苹果、谷歌、微软等行业巨头纷纷研发自己的智能语音技术，主要目的就是抢占最新人机交互产业入口。智能语音正在迅速切入各场景，影响多个产业变革。智能语音可以提高传统行业效率，融合传统行业各个部门。据统计，2017 年中国语音识别产业市场规模已突破百亿。[①] 国际知名

[①] 2017 年中国人工智能产业专题研究报告，艾媒咨询，2017 年 4 月 1 日．

市场研究公司 Research and Markets 也发布报告认为,到 2020 年,全球智能语音市场规模预计将达到 191.7 亿美元。[①] 在大数据、移动互联网、云计算以及其他技术的推动下,全球的人工智能语音产业已经步入应用的快速增长期。

目前,人工智能语音产品化受限于技术成熟度和用户使用习惯,语音交互并未成为真正帮助人们操控设备的工具。但在语音识别率方面,随着语音技术如深度学习、高性能计算和大数据的逐渐成熟,百度、谷歌和科大讯飞等主流平台的技术产品对人类语音的识别准确率均在 96% 以上,稳定的识别能力为语音技术产品在生产生活中落地提供了可能。

案例中谷歌基于人工智能代打订购或订餐电话这个细分消费场景推出的智能语音系统,能够较好地使用人工智能语音产品服务一种接近标准化模式的应用场景,将人类从这些电话服务交流中抽身出来完成更重要的工作,这是语音技术产品落地应用的典型场景。

[①] 全球及中国语音产业报告 2015—2020,Research and Markets,2016 年 4 月.

【科言漫语】02 AI：订餐

领域 2：自动驾驶

【自动驾驶案例 1】"无人物流"来了！未来，你的快递怎么送？①

未来，或许你的快递将是全程无人运送的：包裹们从无人仓库出发，通过无人驾驶的重卡被迅速运输到分拨中心，然后"坐"上最后一公里无人配送小车，"走"上电梯，来到你的家门前……这样的"无人物流"其实离我们已经并不遥远。

无人仓库，是未来你的快递启程的地方。在位于上海奉贤的 AGV 机器人仓库几千平方米的范围内，只有寥寥几名工作人员，但却有上百台 AGV 机器人。

看起来是"放大版"家用扫地机器人的 AGV 机器人，直径 1 米、高 0.5 米，可以承重 800 千克的货品自如行走，可以轻松"扛"起 200 个电脑显示器。在这里，商品的拣选不再是人围着货架跑，而是等着机器人驮着货架排队"跑"过来，通过移动机器人搬运货架实现"货到人"的拣选，打破了传统的"人到货"的拣选模式。

苏宁物流研究院副院长栾学锋介绍，这一高度自动化的"无人仓库"里，单件商品平均拣货时间为 10 秒，拣选准确

---

① "无人物流"来了！未来，你的快递怎么送？新华社，[EB/OL] [2018-05-31], http://www.xinhuanet.com/city/2018-05/31/c_129884054.htm。

率可达99.99%以上。一个AGV机器人可以替代10个工人，让一个仓库中的劳动工人从50~70人，减少到只需要5人左右。目前，苏宁已经在上海、济南等城市启用"无人仓库"，下一步还将在深圳、重庆等地加快机器人仓库建设。

出仓后，你的快递将来到一辆无人驾驶的重卡上，前往分拨中心，完成物流的干线运输。

记者在上海试乘"行龙一号"无人重卡时发现，这个高4米、身长12米、重40吨的"大家伙"，在没有司机控制的情况下一样运行平稳，在遇到障碍物时还能自动判断是停车还是避开。

"长期以来，困扰物流运输的一大难题是司机长途驾驶的疲劳问题，大货车本身存在视觉盲区也增加了风险。"智加科技技术副总裁付强说，苏宁物流与智加科技联合推出这一重型卡车，通过人工智能、深度学习技术以及激光雷达等高科技装备帮助，具备了超越人类的超强视力。

苏宁物流研发工程师王维介绍，无人重卡目前在高速场景下，可以在数百米外精确识别障碍物，还能迅速控制车辆进行紧急停车或者绕行避障。由于无人重卡应用的场景以高速公路为主，相对乘用车使用场景较简单，将有广泛的应用前景，戴姆勒、特斯拉等多家公司都在布局该领域。

随着越来越多的小区实行人车分流，限制快递小车的进入,旨在解决快递运送"最后一公里"的无人配送小车将开始大展神威。

苏宁无人车"卧龙一号"身高不到 1 米,外形圆圆的,头顶上有多线激光雷达,可以扫描出小区全景三维地图,再结合 GPS 导航的信息,搭载的人工智能芯片就能自主分析出目前所在位置以及目的地方位,自动上下电梯,还能实现恶劣天气条件下配送以及 24 小时配送,预计未来该款无人车将进驻 1000 个小区。

"物流的科技化、互联网化是未来发展的大趋势。"栾学锋说,企业将打造"末端配送机器人—支线无人车调拨—干线无人重卡"的三级智慧物流运输体系,连同正在布局的无人仓、无人机,完成全流程无人化布局,实现无人物流技术应用的闭环。

【自动驾驶案例 1 分析】

2017 年 5 月以来,全国快递服务企业日均快递业务量超过 1 亿件,标志着我国进入单日快递"亿件时代"。据统计数据显示,2018 年上半年,邮政服务业务总量累计完成 986.1 亿元,邮政寄递服务业务量累计完成 118.7 亿件。[①] 另外,一些电商平台的购物节期间成交量暴增,对末端配送服

---

① 2018 年上半年邮政行业运行情况,国家邮政局,2018 年 7 月 13 日,http://www.spb.gov.cn/xw/dtxx_ 15079/201807/t20180713_ 1606845. html。

务能力带来高压考验，传统的人工快递投递方式越来越难以满足用户的需求。随着无人驾驶车技术不断取得突破性发展和应用，无人物流配送车让商品物流配送的"最后一公里"变得更智能化和便捷化。短途低速物流是一个非常适合无人驾驶物流车的垂直领域，作为替代人类快递员的一种解决方案，低速无人物流配送车方案具有近期内落地的可行性；并且相比高速干线物流，低速无人物流配送车方案的效益也更加显著。

目前，低速无人物流配送车距离大规模商用仍然需要克服以下壁垒：

（1）制度法律不足。如今国内尚无无人驾驶车上路的法律法规。国内仅允许部分自动驾驶汽车上路测试，要求研发企业为在中国境内注册的，进行自动驾驶相关科研、定型试验，需要临时上路行驶的独立法人单位，如国内大型车辆制造厂，以及已研发出高性能的自动驾驶车辆和系统的百度等互联网企业，这些可以申请测试。

（2）技术适应性壁垒。即使是低速短途无人物流送货车，也仍然需要面对各种路面地形、道路规划和行驶环境的影响，而且无人物流送货车在行驶过程中能否保证其对周围人和车辆不会造成安全性影响，以及如何解决送货途中发生技术故障后修复和不影响送货进度等问题。

第1章 后科技创新时代，科技产品化面临的新挑战

（3）经济性问题。无人物流车尚未形成产业规模化，企业投入无人物流车研发制造的资金、人力和物力高昂，企业人员配备甚至比没有采用无人物流车之前的人数还要多。比人工更高的送货成本会导致快递费用上涨，而用户或商家能否接受因此提升的送货成本，也是目前无人物流车需要克服的一个挑战。

然而，无人驾驶快递车是未来智慧物流的发展趋势，智慧物流也为无人驾驶车提供了适合的产品应用场景，可以预见其未来的发展前景广阔。

【科言漫语】01 自动驾驶：无人物流

第1章　后科技创新时代，科技产品化面临的新挑战

【自动驾驶案例2】MIT开发新技术：无人驾驶汽车没有地图也能导航[①]

据《福布斯》杂志2018年5月7日的文章报道，麻省理工学院（MIT）开发出一套新系统，允许无人驾驶汽车在没有地图的情况下进行导航。这项刚刚起步的技术可能会被用来帮助防止未来的交通事故。

到目前为止，许多在实际道路上测试的无人驾驶汽车要么依赖高度详细的3D地图，要么系统允许车辆在路标明确的城市或公路环境中导航。但是绝大多数的美国公路都还没有被精确地绘制成三维地图，或者无法可靠地提供一致的车道标记。因此，麻省理工学院计算机科学与人工智能实验室（CSAIL）的研究小组开发了一种方法，可以让无人驾驶汽车阅读和预测当地的环境，而不是依赖3D地图数据。

这个框架被称为MapLite，它结合了全球定位系统（GPS），使用来自Open Street Map的最基本地形图，以及用于监测道路状况的激光雷达和IMU传感器。CSAIL研究生泰迪·奥尔特（Teddy Ort）说："这种'无地图'模式以前没人尝试过，因为它通常很难拥有详细地图那样的准确性和可靠性。像这样的系统可以在车载传感器上进行导航，这显示

---

① MIT开发新技术：无人驾驶汽车没有地图也能导航，网易科技，2018年5月8日，http://tech.163.com/18/0507/16/DH7FIA9Q00097U80.html。

出无人驾驶汽车的潜力,它能够应对超出科技公司所绘制地图的道路情况。"

为了测试这套系统,研究人员为无人驾驶的丰田普锐斯配备了激光雷达、传感器以及 MapLite。这款普锐斯能够"看到"前方 30 米远的路况,成功地在马萨诸塞州多条未铺设公路的乡村道路上行驶。

奥尔特解释说,他们的系统也不同于其他"无地图"模式,后者使用机器学习来训练系统。它们使用来自一组道路的数据,然后对其模式进行测试,并应用到其他道路上。相反,MapLite 尝试开发无人驾驶汽车可能遇到的情况的模型,然后告知它的行为,这与人类驾驶员在熟悉场景中驾驶的方式没有太大的不同。

虽然像 MapLite 这样的系统可以为无人驾驶汽车的发展开辟更多的方向,但它距离投入使用依然任重道远。研究人员称,他们的系统无法解释海拔高度的变化,所以现在无法应付山路。奥尔特称:"我认为未来的无人驾驶汽车将永远在城市地区使用三维地图,而当我们在乡村偏僻道路上行驶时,这些车辆就需要像人类在陌生道路上行驶一样,能够自己做出应对,我们希望我们的努力朝着这个方向迈出了一大步。"

【案例 2 产品分析】

无人驾驶汽车是指通过给车辆装备智能软件和多种感应

设备,包括车载传感器、雷达、GPS以及摄像头等,根据感知所获得的道路、车辆位置和障碍物信息,控制车辆的转向和速度,实现车辆的自主安全驾驶并安全、高效地到达目的地。普华永道预测,2025年欧洲、美国和中国联网汽车将达到4.7亿辆,到2030年无人驾驶汽车也将达到8000万辆左右。① 另有咨询公司统计,2021年无人驾驶全球市场规模将达到70.3亿美元左右,② 无人驾驶汽车行业整体处于内部测试阶段。

无人驾驶汽车正确自主行驶的依据是汽车基于车上安装的各种数据感知和采集设备,这些设备在车辆行驶中能够收集大量数据去分析感知途经路段状况,并正确调整车速、行驶车距和行驶方向。据统计,在街道上行驶的时候,无人驾驶汽车每天会收集超过1T的数据。此外,车辆还需要一张行驶地图,这张地图能够让汽车通过数据描绘出行驶三维环境信息,并且这些信息需要持续更新,并且精确到厘米。无人驾驶汽车的地图收集的信息可大致分为3个部分:

(1)人行道、建筑物以及树木的物理位置;

(2)道路标志和交通信号灯;

(3)车辆行驶需要做出变化的信息,如路面破损、临时

---

① 2017年数字化汽车报告,普华永道思略特,2017-11-16.
② 2016年中国无人驾驶汽车市场研究报告,艾媒咨询,2016-10-24.

限速标志灯等。

现阶段，地图的适用性对无人驾驶汽车顺利产品化非常重要，但存在几个技术壁垒需要克服：首先，各家公司不共享地图数据且使用不同的标准，所以每进入一个新的城市就需要创造新的地图；其次，每个城市不同的驾驶规则也需要对地图软件不断进行调整，甚至重做一款软件；最后，对专业三维地图日益提升的需求也导致无人驾驶汽车地图开发公司与地图测绘卫星出租企业之间的竞争。

地图可能是目前无人驾驶汽车产品化的一个关键性挑战，但案例中麻省理工学院所研发的创新道路定位和感知监测技术能够让无人驾驶汽车不需要依靠三维地图数据，另辟蹊径地拥有感知地貌和路况的能力，无疑有力克服了目前三维地图对无人驾驶汽车产品化的阻碍。虽然案例中的道路监测系统无法处理海拔迅速变化的环境而无法在山路上导航，但该技术产品将改善整个无人驾驶汽车产业化进程，对整个产业提升贡献出显著价值。

第1章 后科技创新时代,科技产品化面临的新挑战

【科言漫语】02 自动驾驶:地图感知

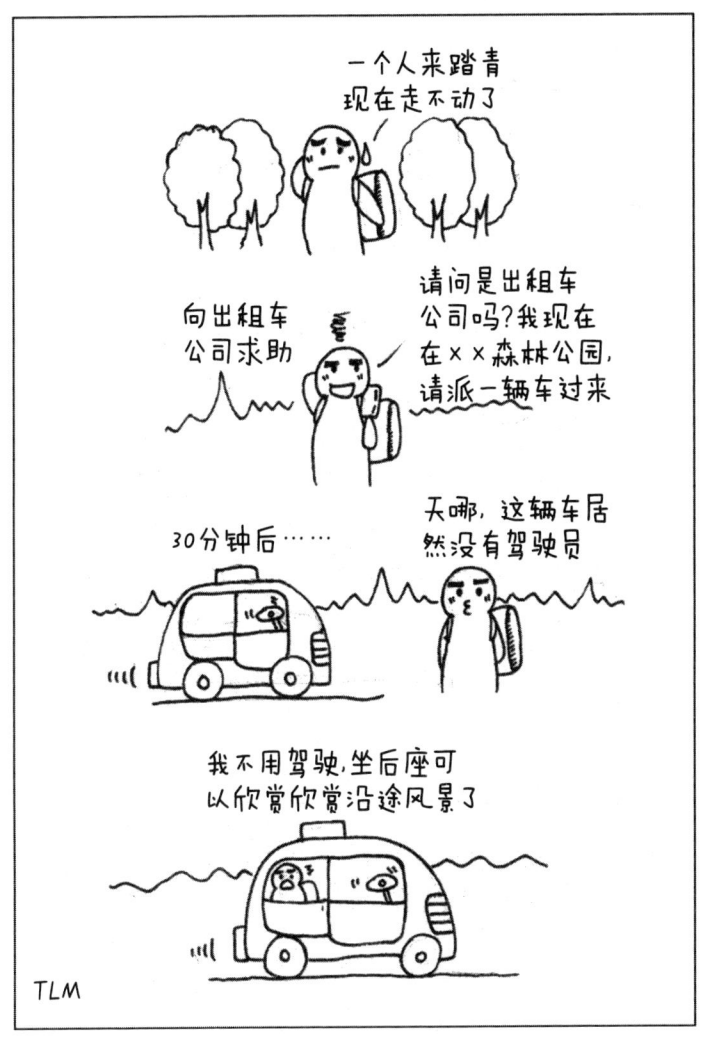

第 2 章

打造科技创新爆款产品，先从思维转变开始

1 思维转变之一：科技创新产品人要具备爆款产品思维

毫无疑问，我们已经进入了科技创新产品涌现的时代，新技术、新产品和新概念层出不穷。如今，科技产品研发制造企业不得不面对新的市场挑战：产品同质化严重、创新乏力、用户获取成本升高、科技创新产品单件利润下滑等不利的现实情况，其中首当其冲的莫过于产品同质化。

以智能音箱为例，自从2014年亚马逊首款智能音箱Echo问世之后，智能音箱这一科技创新产品便让国内外多家科技巨头公司产生了浓厚兴趣。智能音箱是传统音箱智能化升级后的产物，拥有人机交互功能，用户可以通过语音输入的方式完成平时的操作，如通过输入语音命令可以实现歌曲点播、上网、购物、交易等活动，让用户的生活变得更加智能。然而，近几年已经有超过50家公司开始布局智能音箱市场。① 本书在编写时，在知名电商京东搜索智能音箱产品会显示超过300款不同的智能音箱产品在售。在各智能音箱趋于雷同的情况下，找到自己的定位，打造有特点的产品，是智能音箱制造企业必须面临的问题。

作为科技创新产品，智能音箱产品同质化的现象具有代表性。事实上，多数科技产品用户都会发现，科技创新产品迭代周期远比其他消费产品要短得多，并且同质化产品让科技产品功能趋同。当今科技创新产品主要面临两个挑战：

挑战一：技术升级推动科技产品迭代周期缩短，但也加速了产品同质化

在市场竞争如此激烈的今天，科技创新产品除自身的技术壁垒之外，还依赖于市场及用户需求。新技术一旦被成功开发，制造商一定会迫不及待地投入使用。技术微创新层出不穷，降低了产品技术互相参考借鉴的门槛。同一大类中不同品牌的科技产品在性能、外观及营销上都互相模仿，导致产品品种重复并且替代性强。

---

① 2017年智能音箱市场研究报告，速途研究院，2018年，http://www.sootoo.com/content/674902.shtml.

挑战二：互联网化降低了科技产品技术研发门槛，也导致产品加速趋同

互联网时代特征比较鲜明：科技创新居于主导地位，技术和产品的创新由点到线，信息高度透明对称，尽管产业分工依然存在，产业链和价值链依然存在，但是不同产业以及价值链不同位置的企业发展逻辑高度趋同，以智能化为科技创新主打，以实体经济技术为主导，生产和消费逐渐重合，产品分类的标准多元化且发散，产业之间的界限逐渐模糊，不同科技产品基于互联网的功能也呈现出同质化。

在这样的市场环境下，科技产品要实现创新，成功要素不再是工厂和渠道，而是用户体验，甚至让用户成为产品或者企业的粉丝，而爆品是抓住用户的重要武器。与系列科技新产品不同，爆品是一个极致的科技创新产品，或是一款新设备，或是一款新应用。在传统规模工业时代，单一的产品很难产生规模效应，但互联网时代的推广和传播，让单品引爆市场成为可能。因此，科技产品创新需要具备单款产品引爆市场的思维，就是所谓的"爆品思维"。科技创新产品负责人具备"爆品思维"，就是相信能够通过一款用户体验和功能优势发挥到极致的产品，借助互联网呈现几何级数营销推广的力量，在激烈的市场竞争中集聚大量用户人气，进而占据同类产品的市场。

如何能够形成"爆品思维"呢？笔者建议科技创新产品开发企业从下列三个方面的思维转变着手：

（1）从以技术功能为核心的科技创新产品研发制造思路转变为以用户需求为核心的打造思路。

在高度互联网化和信息共享化的今天，科技产品功能外观趋同化严重；产品从拼创新科技含量转向到拼用户体验和用户满意度。"爆品思维"背后存在着用户思维，对于科技创新企业而言，在研发设计爆品的时候不能单从自己的需求出发，而一定要转向以用户需求为核心，认真研究用户痛点，利用创新技术和设计为亮点，有针对性地解决用户需求，并且追求将最能解决用户痛点的功能发挥到极致，才能够打造出让消费者依赖的产品和服务。

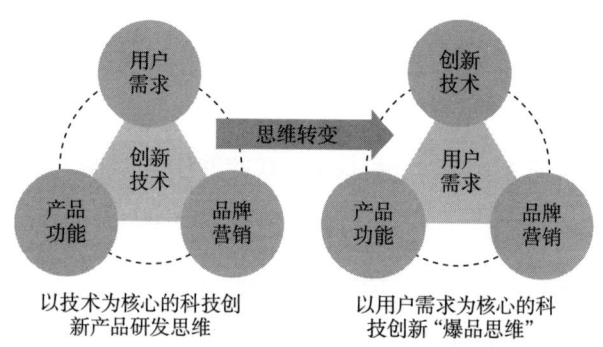

图 2-1 "爆品思维"是以用户需求为核心的产品打造思维

（2）从以"产品整体结构配件外观"为聚焦点的产品设计转变为以"产品为用户产生的使用体验"为聚焦点的设计。

第 2 章　打造科技创新爆款产品，先从思维转变开始

在打造爆品方案中，最基础的工作步骤之一是解决产品与用户的交互体验问题。全力以赴地将用户使用产品的体验做到最好，并不是一定要将产品做到技术最先进和最好、最贵，而是注重用户使用产品的便捷性，围绕用户使用产品过程中重视的指标做到最好，将产品打造成一款高性能和高性价比的爆品。重视用户的体验，就是在满足用户需求的同时，让用户能够提高产品的使用效率，并在使用该产品的过程中所花费的时间、空间、物质和资源投入超过其他同类产品。用户会从自身的感受体验出发，将产品通过口碑传播变成同行中火爆的话题，形成社会化广泛传播效应。

将用户体验提升到极致是引爆口碑传播的主要途径，而何为"极致"？极致就是创造同行竞争者所没有的亮点。要创造出极致体验，需要科技创新产品人具备"工匠精神"。工匠精神是产品人专注于产品某个或某些亮点的精雕细琢，以精益求精的精神理念打造产品。科技创新产品研发中，如果产品蕴含的技术不是世界唯一或不可超越的，建议产品人从产品创造细节出发，遵循"工匠精神"将产品能够给用户带来的某一个或一些独特体验设计到极致，从用户体验出发拉开科技产品与其他竞品在市场上的距离。

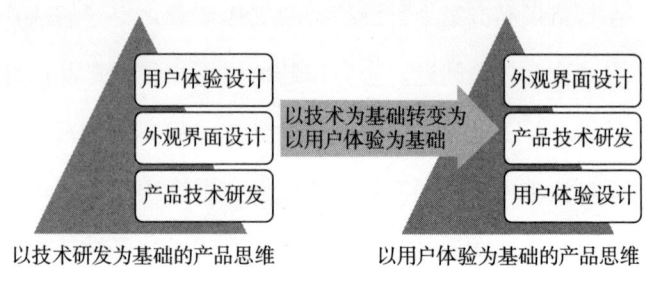

图2-2 "爆品思维"是以用户体验设计为基础的产品思维

（3）从以"新技术特性"作为主要产品属性的设计转变为赋予产品"人格化"。

所谓的产品人格化就是企业在设计产品或服务时，站在用户对产品特性的理解角度，转化为人性的特征。换句话说，就是将产品的外观、功能、定位等一切能够挖掘与竞品差异化的元素进行拟人化、拟物化和情感化的表达。

产品人格化，目的是将产品打造成为具有独特魅力和情感影响力的人性化符号，让用户能够身临其境产生共鸣，在潜移默化中形成产品黏性，促动心灵共识，实现用户对产品价值的认可。这样用户会升级为产品的忠实粉丝，将其对产品的认可转化为一种生活习惯。例如，微信这款产品的定义为，"微信不仅仅是一款便捷的即时通信工具，更是一种生活方式"。这种定位就是将产品对用户需求的满足与创造一种用户生活方式相关联在一起，让微信用户逐渐地对这句定位产生了认同，并将微信融入自身生活习惯中，最后让"使用微信"这件事成为用户不经意间就完成了的日常生活行为方式。

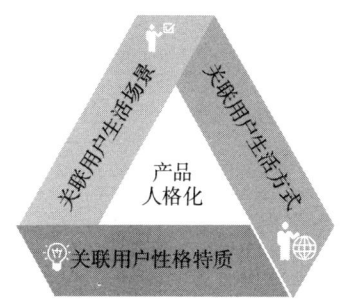

图 2-3 赋予产品人格化的爆品思维

互联网信息时代为科技创新产品提供了低门槛的便利条件，比起推出一系列同批次的科技创新系列产品，一款引爆用户口碑的爆款产品更容易形成指数级别的传播。科技创新领域要做爆款产品，首先需要产品人在思维上进行转变，形成"爆品思维"，并将该思维贯穿在产品制造到销售的产品全生命周期中。

2 思维转变之二：科技创新与科技产品创新并不是一回事

国家知识产权局发布的报告显示，2017年发明专利申请量达到138.2万件，同比增长14.2%。[①] 然而，这其中有多少专利创造出了经济效益？在我国2017年的有效发明专利中，维持10年以上的仅有4.6%，而国外维持10年以上的有22.8%。[②] 一边是发明专利的激增，另一边却是科技成果难以转化成为新产品。据报道，我国科技成果转化率只有15%左右，科技进步对经济增长的贡献率只有29%，与发达国家60%~80%的水平相比相差甚远，企业产品合格率仅为70%，每年因不良产品造成的损失达2000多亿元，占到GDP

---

① 2017年发明专利申请量同比增长14.2%，中国科技网，2018年1月4日，http://www.stdaily.com/sipo/sipo/2018-01/04/content_617589.shtml。

② 科技成果迅速转化才是最好的创新，中国知识产权科技网，2018年3月20日，http://www.iprchn.com/Index_NewsContent.aspx?NewsId=106667。

第 2 章 打造科技创新爆款产品,先从思维转变开始

的 2%。① 科技创新成果需快速高效地转化才是最好的创新。科技研发必然是创造科技创新产品过程中的核心工作,但研发生产团队不能简单地将创新技术的研发等同于产品研发的主要工作。因为对于一些技术创新产品而言,在整个产品从研发到销售使用的完整生命周期中,创新技术的研发所需要投入的时间、人力和资金只占总投入的很小一部分。"产品为王",这是一个硬道理,通过接触诸多技术创新型创业者,笔者发现其中相当一部分创始人由于其技术背景和长期的研发实验室或部门工作环境,在创业时投入了过多的时间、精力和资金到产品技术研发中,而对产品其他市场属性缺乏相关的思考和经验,以致产品延误融资或上市,影响到了企业后期的生存和发展。

要转变上面对科技创新产品的思维误区,可以先从了解生产创新、科技创新和科技产品创新三者之间的内涵差异开始。

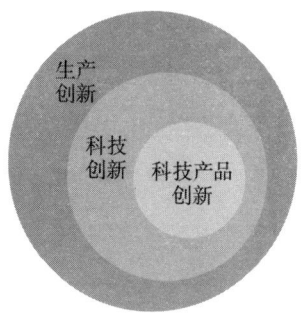

图 2-4 三种创新之间的逻辑关系

---

① 科技成果迅速转化才是最好的创新,中国知识产权科技网,2018 年 3 月 20 日,http://www.iprchn.com/Index_NewsContent.aspx?NewsId=106667。

生产创新的内涵

根据经济学家熊彼特的观点,创新性是指建立起一种新的生产函数,把生产要素和生产条件重新组合引入一种新的生产体系中。具体而言,生产创新概念包括下列五种情况:

(1)生产一种新的产品,对于用户而言是完全陌生的产品或在已经熟悉的产品中增加了一种新的特性。

(2)采用一种新的生产方法,此方法没有在有关的制造部门中通过经验鉴定,也不建立在科技全新发现的基础上,也可能存在于商业上处理某种产品的全新方式中。

(3)发掘一个新市场,不管是一个新创造的市场还是已经存在的市场,重要的是在这个市场上占有一席之地。

(4)新控制某种新增或已存在的生产原料或半成品供应源。

(5)控制一种新增或已存在的工业组织,如生产标准协会或产业协会等,来打破竞争者原有的市场垄断地位。

科技创新的内涵

通常认为,科技创新是指科学技术应用的新构思和新突破,科技创新蕴含在应用研究、试验开发或技术组合,形成新产品、新工艺,直至产品投放市场的全过程。科技创新内涵主要包括三个方面:

(1)科技生产过程的创新。用新工艺和新方法引入生产过程,从而降低成本消耗和提高生产效率。

(2)科技生产原料的创新。用价格更低或质量更加可靠的原材料替代原来使用的原料,以促进技术创新。

(3)科技产品创新。根据市场形势分析,开发新产品,创造新市场,推动新兴产业的诞生。

科技产品创新的内涵

产品是用来解决用户的问题的,可以是实物或软件产品,也可以是服务或解决方案。科技新产品的开发是把商业机会转变成为有形产品,并将其实现商业化的全过程。科技产品创新的价值在于创造性地解决用户问题,既满足了用户需求、创造了用户价值,又达成了企业的商业目标,创造了商业价值。

由于市场竞争关注点和经济环境变化,科技产品创新主要包括以下几个内涵:

(1)新技术推动科技产品创新。科技产品创新主要依托新技术的研发,以更好地改善产品用户体验,满足用户需求。

(2)需求推动科技产品创新。科技产品创新主要是基于企业对市场动向和客户需求的分析,据此策划新的技术解决方案,组织力量投入技术研发及新产品生产。

(3)产品生产环节的高度集成化推动科技产品创新。在产品生产过程中,研究、开发、营销和制造等各种生产环节同时推进,这样的创新生产方式缩短了新产品开发的周期,同时降低了生产成本。

(4) 系统和资源整合推动科技产品创新。产品创新不仅是企业内部资源整合和企业内部各部门交互作用,还是强化用户、供应商和其他相关机构的网络从而形成产品创新系统。产品创新不再是企业个体的活动,与企业外部的资源关联成为产品创新的主要因素。

从上述创新、科技创新和科技产品创新内涵的比较,我们就不难理解为何我国科研院所取得的大量科技成果不能够转化为商业性应用。因为创新科技与创新产品之间具有明显差异,科技创新产品除了关注技术研发,还需要关心科技成果的转化与市场经济效益的高低。如果科研机构只是以技术人员思维关注技术发明,则中间缺乏的是企业人对技术发明的商业价值创新性认识和探索过程。

举个例子,2017年伴随着人工智能的爆发,虚拟现实(VR)技术再次得到了投资者的青睐,其间有一家成立于2013年的虚拟现实公司"完美幻境"脱颖而出,2014年完美幻境将重点放在VR头戴式显示器的研发上,并在虚拟现实行业有了一定的名气;不过创始人认为虚拟现实需要硬件和内容两者兼备,但实现并不容易。经过认真考虑,完美幻境创始人决定做一个硬件产品——全景相机。经过5代产品的迭代，2015年底他们获得了国际电脑处理器巨头英特尔的百万美元天使投资，与此同时，在当年美国圣地亚哥举行的英特尔投资全球峰会上，完美幻境发布了Eyesir 4K VR全景相机，该产品能实时拼接，支持360×360记录拍摄，并支持VR头显观看。发布之后，订单量达到1000台。2016年，完美幻境依靠英特尔投资背书及天时、地利、人和，完成千万元A轮融资，团队也从6人增至100多人。但由于供应链问题，完美幻境有了订单却不能按时完成生产，最终资金链断裂，公司在2017年2月宣布倒闭。究其原因，是供应链管理经验不足而非产品技术创新不足；而完美幻境在做好技术创新硬件和内容产品的同时，却忽略了供应链是与这款投放市场的产品性命攸关的必备条件。

如果要打造具有市场广泛前景的科技创新爆品，产品研发制造者就需要转化思维：科技创新与科技创新产品之间还需要用户需求和市场价值的结合。如果还没有形成这样的思路，建议科技创新产品人暂停后续产品的推广营销工作，仔细思考技术与产品之间存在何种正确逻辑之后再进行产品原型的打造和推广。

3 思维转变之三：让创新贯穿产品生命周期

如今的科技产品创新已不只是产品技术开发阶段的创新，企业在技术研发过程中就需要与产品未来发展的运营体系和业务的创新模式进行整合。而产品创新需要协作，特别是与产品研发制造团队外部的各部门同事甚至产品潜在用户之间的协作。产品创新需要按照一整套流程实现端到端管理，产品创新管理包括在组织结构和体制上的创新，确保整个组织采用新技术、新设备、新物质、新方法成为可能，通过决策、计划、指挥、组织、激励、控制等管理职能活动和组合，为社会提供新产品和服务。

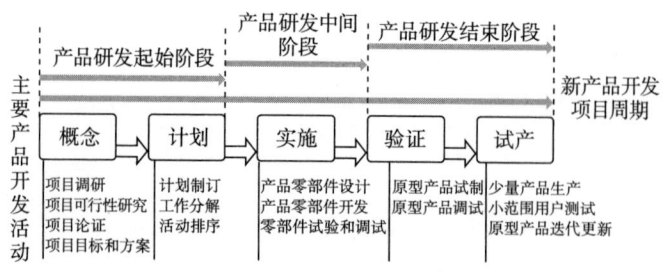

图 2-5 创新产品开发项全生命周期流程

科技创新产品开发制造的项目全生命周期过程如图 2-5 所示，对该周期中科技产品开发的每一个关键阶段说明如下：

(1) 产品开发项目概念阶段

在新产品开发项目概念阶段对项目可行性进行调研，根据调研情况对项目进行决策，确定项目需要完成的整体目标，制定总体方案。项目决策主要是项目主管根据项目可行性调研结果，并通过有关专家的决策，定性评审项目是否可行。项目概念阶段的抉择关系到整个项目的运行方向，对项目质量产生直接影响，甚至关系到项目的成败。

(2) 产品开发项目计划阶段

项目概念阶段形成的项目总目标，需要计划阶段去分析，包括项目任务的工作分解，制订项目具体活动的各项详细计划，如项目进度计划、阶段性成本计划、产品开发详细的流程等，并根据这些计划去落实到各个职能部门，制订职能部门工作计划等。项目计划阶段关系到项目整个过程的详细安排，关系到后续过程质量的保证。

(3) 产品开发项目实施阶段

项目实施阶段以计划阶段制订的各项详细计划为依据，对产品具体生产过程进行策划，包括产品设计技术指标、产品结构、技术设计、零部件设计等，主要成果为完整的新产品开发系统和配套技术资料。项目计划阶段是新产品开发项目的关键阶段，此阶段的实施质量关系到产品的设计质量，会对产品的质量产生重要影响。

（4）产品开发项目验证阶段

项目验证阶段的主要任务是验证开发的新产品并将其交付使用，在验证阶段要对产品进行故障预测、确定验证要点、确定性能评估程序方案，对项目的经验进行阶段总结。对前期实施阶段遇到的问题进行调试，不断地改进产品性能。项目验证阶段对产品性能质量有直接影响，应给予高度重视，不断地提高验证质量，使产品性能不断提高。

（5）产品开发项目试产阶段

项目试产阶段的主要任务就是确认项目的结果是否达到了预期的要求，制订工艺程序计划并撰写试产报告。试产阶段结束，整个项目团队也随之解散。试产阶段为产品开发项目的最后一个阶段，影响到后续产品的大批量生产，此阶段质量控制也相当重要。

如何将创新需要贯穿在产品开发的全生命周期流程中，可以参考下列科技产品全生命周期开发创新链环管理模型。科技创新产品的开发需经过从潜在市场到发明、设计，再到详细设计与实验，再设计与生产，最后进行销售的创新活动中心链。科技产品创新活动中心链的反馈包括各环节间的直接反馈和来自市场的多重反馈。科技产品在创新各阶段遇到问题,先到科技产品所在企业的知识库中去寻找,若现有知识库不能解决问题则进行研究,再返回设计,这是一个持续贯穿在科技创新产品全生命周期各主要开发生产阶段的交流机制。科技产品的创新活动与科学技术研发之间的关系密不可分,一方面科学发现导致创新,而另一方面,创新又有力地推动科学技术研发,实现科技研发与产品迭代更新的可持续良性循环。

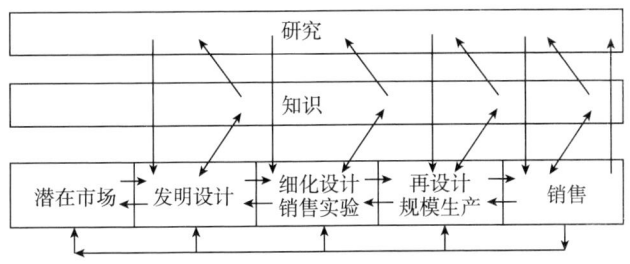

图2-6 科技创新产品生命周期开发创新链

4 思维转变之四：以"数据"话创新

科技创新产品的研发、生产和销售中会产生大量的数据，如今数据已不只是生产力工具，还成为科技创新产品研发生产者必备的一种思维方式，数据能够揭示产品的性能及市场用户反馈真相。如果科技创新产品打算利用数据来衡量并提升市场销量，使产品成为爆款，为企业带来明显的用户增长，那么科技产品研发生产者具备数据思维是十分必要的。

什么是数据思维？数据思维最核心的是利用数据解决问题，利用数据解决问题最核心的是要深度了解需求，了解真正要解决什么样的问题，解决问题背后的真实目的是什么。在解决问题的过程中，我们使用数据的方法，通常可以叫量化的方法。数据分析最重要的一点就是，不断确定业务中两组变量之间的关系，用于解释业务。产品销售收入、付费用户转化、用户规模、有效用户活跃等，我们称之为现象。而只有通过数据量化的现象，我们才能精准感知。数据是用来描述现象的,是被量化的现象。数据分析就是寻找这些被量化现象之间的"关系",例如,用户活跃度与有效付费用户转化之间的数量关系。多找到一种这样的关系,在实践中将使企业多拥有一种有效的分析和提升产品销量的获客手段。

所谓量化方法,就是解决问题的过程基于数据并且需要可衡量、可评估,有非常明确的定义。采用量化的方法在解决产品研发和销售问题时要考虑四个维度:(1)明确目的;(2)明确定义;(3)量化手段;(4)量化效果。对量化方法四个维度分别作下列说明:

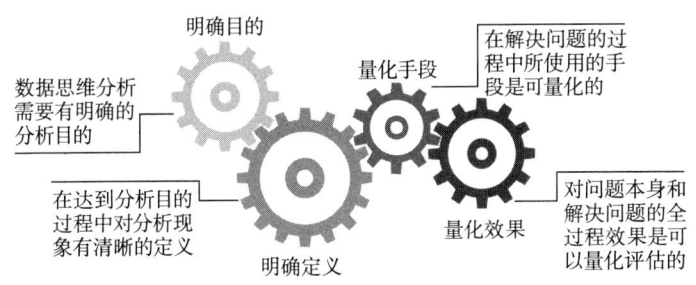

图2-7 数据思维量化方法的4个维度

(1)明确目的

采用数据思维分析需要有明确的目的,目的明确是数据分析结果真正对科技创新产品的研发和营销产生有利影响的保障。一切的数据分析都是针对某个问题,以及未来要进行的某项行为,否则便没有意义。数据思维的本质就是"一切以用户为中心"的互联网思维。例如,某个VR新产品过于关注产品外观设计，对用户调研的参数主要是在外观和形状参数上，而忽略了用户体验相关的参数，数据分析重点在于如何将VR产品外观设计得更加具备现代感，这可能会造成后续数据样本搜集、整理和分析一系列的投入之后，数据分析的结论依然对VR产品的用户体验提升没有帮助的结果。

（2）明确定义

产品销售收入、付费用户转化、用户规模、有效用户活跃等用于数据分析的现象，是科技创新产品和研发的效果表征。用数据思维来分析这些现象的关系，就需要先确定选择哪些现象变量与数据分析目的是密切相关的，或是能够充分有效地论证该数据分析目的。例如，某共享经济租房平台企业市场部选择当日有效活跃用户和有效活跃用户峰值时间分布作为数据分析对象，采集了大量相关数据，最后分析出来的结果为该共享经济租房平台的当日有效活跃浏览人数和有效活跃浏览人数峰值的统计情况。然而，如果以提高获客量为该平台数据分析的主要目的，则网站当日有效活跃浏览人数及有效活跃浏览人数峰值并不会对该网站的付费用户转化有什么参考价值，相比之下，付费用户转化率这个变量更加能够说明该平台的获客能力。

（3）量化手段

企业为用户提供了科技创新产品及服务，客户的感受究竟是怎样的呢？为了掌握用户对产品的好恶和体验深度，用户行为数据的量化手段是一个相对科学和客观的反映，采集用户与产品的每一次接触的行为并将其数据化，帮助市场、产品研发、运营部门建立对用户持续且深入的洞察，以便不断优化我们所提供的服务，通过数据衡量优化是否达到预期效果，如此往复，直到企业实现获客或者营业额提升等商业目标，才是数据驱动背后的数据思维。例如，某儿童交互机器人产品投放市场之后，需要判断其主要用户——学龄前儿童对该产品的喜爱程度，如果使用10分制对喜爱程度进行评分，就能把用户对产品的喜爱程度量化，统计的样本数据分析结果会更加清晰、有效和直观。

（4）量化效果

在用数据思维来运作科技创新产品的研发和推广过程中，企业数据分析中心将采集到的所有关于科技创新产品的反馈数据整理分析，由此发现每一位产品目标客户的数据特点，并预测出其下一阶段的消费需求。在数据时代，企业真正需要具备的是将所有数据重新分类、细化、整理的能力，只有这样才能发掘出科技创新产品目标客户的痛点。量化效果是用数据思维运作科技创新产品的基本需求。

科技创新产品企业如果要实践数据思维，可以参考以下三个步骤。

第一,标准化数据的搜集流程及筛选流程。

科技创新产品企业根据现有的数据采集渠道和数据采集技术,制定标准化数据采集和筛选流程,并根据数据分析的实际需求制定不同的数据筛选条件。对于产生大量反馈数据的情况,标准化数据的搜集和筛选流程将能够明显提高企业采集数据的效率,同时不会因负责采集数据的人员个人主观判断而对后期数据分析的结果准确性产生不同的影响。

第二,选择不同数据变量及完成数据搜集。

企业在设计好标准化数据搜集流程后,下一步是选择不同的数据分析变量。根据不同数据变量调整标准化,开始定期搜集这些变量数据,搜集的数据需要有效、真实且连续。在搜集数据时要注意数据提供用户是否具有代表性、非特殊性及信息完整性,从数据来源把控数据是否有利于后期完成数据分析。

第三,基于不同数据变量变化及数据分析结果,形成运营反馈。

经过选择数据变量及搜集用于分析的充足数据之后,企业要对数据进行分析并形成运营反馈。数据思维的养成,并不取决于谁对数据更有直觉。大部分情况下,科技创新产品经理的直觉往往是不准确的,因此在得出数据分析结果之后,建议通过多次实验测试去验证。

其实，数据思维的形成本质上就是熟能生巧的技能。有经验的科技创新产品经理更懂得先梳理业务框架，然后自上而下地不断拆解，如庖丁解牛一般去分析和拆解复杂的业务，从而快速形成严密的逻辑和数据分析链条。

5 思维转变之五：围绕"场景"打造创新

具体而言，场景指的是一定的时间或空间内发生的某项特定任务行动，或因人物关系所构成的具体生活画面。简单来说，场景等于特定类型的用户在某时、某地，当周围出现某些事物时，萌发了某种欲望，会想到通过某种手段或者借助某种产品来满足自己此刻的欲望。

场景赋予用户具体行为意义，用户每一种新鲜的行为体验背后，都伴随着新的场景洞察。传统的产品设计与场景交互设计之间的一个重要区别是，看待环境和行为引导对塑造人的体验所起作用的重要性不同，所以科技创新产品创造者在与用户交互场景的设计过程中，需聚焦于用户使用场景中的服务流程和行为引导设计及用户对产品的预期目标，从而为用户提供满足其欲望的流畅体验。

当今市场面临着用户对产品的个性化消费需求不断增加的趋势，这种趋势对科技创新产品的市场推广提出了更高的要求。科技创新产品制造企业需要改变思维,围绕"场景"进行科技创新,因为"场景"正在让传统的商业市场发生颠覆式创新。科技创新产品的市场推广将日益场景化,表现在以下几个方面:

(1) 从产品定价到场景定价

企业经营中一个非常关键的节点是定价。科技创新企业正在从传统的产品定价转向场景定价,从批量集中售卖走向打造碎片场景以"拆开"来卖。传统定价是围绕产品的定价、竞争对手来进行。追求稳定价格和统一的冲动,是以自我为中心的惯性行为。通过聆听用户的需求、互动的过程,企业采用新科技、新的方式可以重构定价模式,实现敏捷性的场景定价,甚至实现产品碎片购买。

(2) 驱动购买的利器:将产品植入特定场景

企业开发一个新产品,要卖得好,就必须占领消费者生活的时间和空间,要在消费的具体情景中寻找产品痛点。场景成为一个非常重要的词,产品和营销必须基于消费者具体、特定和鲜活的场景。研究消费者场景可以发现新产品机会,制造消费者场景可以开辟新产品空间,展示消费者场景可以驱动消费者的购买行为。所以,无论线上的客服多么完善,实体店的场景体验都是线上所无法代替的。

（3）基于场景，产品能够获取更多用户的注意

产品基于消费场景，可以更有效地和用户交流，获得注意力。例如，新华社推出的新闻客户端"我在现场"①，就是一个基于定位系统的媒体，在这个平台上注册的专业记者和其他用户可以把自己在定位现场的所见所闻加以分享，通过地理位置来聚合相关新闻信息。场景服务是基于用户所在的时间和空间，提供用户当时所需的服务，服务价值强调个性和多样性。

在当下的传播环境中，利用好场景进行营销，可以让产品营销内容更好地传播给目标客户群，内容的传播借助场景的力量可以迅速扩散，传播效率非常高，传播的效果也很好。场景对营销的意义比以往任何时候都重要，一旦科技创新产品制造者抓住场景，就会离有效传播更近一步。

那么如何形成场景思维呢？首先，科技创新产品制造者需要在脑海中构建一个场景，这个场景是属于未来的，因此我们需要考虑形成场景的四个关键性要素：人物、时间、地点和事件，即谁在什么时间，什么地点，发生了什么事情。

---

① 新华社"我在现场"——如何利用众包做新闻，亚太日报，2015年4月17日，http://news.163.com/15/0417/12/ANDE6BC400014AEE.html。

图 2-8　场景思维的四个关键性要素

人物：场景主要关系到的用户角色。

时间：包含了发生时间的瞬时，还有到事件结束前的时段。

地点：更多的是指一种环境背景，包括心理、情感、现实，甚至虚拟空间、流程环节等。

事件：故事的主体，也是场景发生的主要动机。

在移动互联网时代，场景是真实的以人为中心的体验细节。场景依赖于人，没有人的意识和动作就不存在场景。通过对场景的因素思考，可以帮助科技创新产品制造者更好地理解用户的真实需求。通过充分地理解这些场景，并以此为基础，科技创新产品制造者可以为用户找到更直观的方式，提供有效的互动，使用户能够流畅地完成他们的预期目标，满足他们与产品接触时刻的某种欲望，从而触动用户发生购买行为。

6 科技前沿创新产品案例分析

领域 3：机器人

【机器人产品案例 1】北航联合哈佛，研制出吸盘式仿生机器人①

2017 年 9 月 21 日，国际顶级期刊《科学》杂志机器人子刊《科学·机器人学》以长篇封面刊登了北航文力课题组牵头，与哈佛大学合作的科研团队最新研究成果——以䲟鱼软体吸盘为原理的仿生机器人。据悉，该机器人由北京航空航天大学和哈佛大学的研究人员共同研制，其中北京航空航天大学为该研究的第一单位和第一通信单位。

䲟鱼，又名吸盘鱼，喜欢吸附在鲨鱼、海龟等大型海洋生物身上，俗名"免费旅行家"。由于该鱼的游泳能力较差，

---

① 北航团队探秘"水下壁虎"仿生应用潜力大，2017 年 9 月 21 日，http://finance.sina.com.cn/roll/2017-09-21/doc-ifymenmt5980457.shtml，有删节。

所以它主要依靠头部的吸盘吸附在游泳能力强的大型鲨鱼或海兽的腹面,有时吸附于船底,以借此被带到饵料丰富的海域,然后就脱离宿主,找寻食物。对此,研究负责人文力副教授评价道:"这种'搭便车'行为最大的优点,就是能有效减少运动消耗的能量。"因此,他意识到这一仿生研究潜藏着巨大的应用空间。

关于该仿生机器人的研制过程,文力表示,先后主要遇到三大难题,而这三大难题即仿生机器人样品的三大核心技术。

难题一:机器人的仿生材料

首先,利用环扫电镜、Micro CT、高速相机同步运动追踪等生物测量手段,课题组获得了鲫鱼吸盘的宏观与微尺度结构、运动模式。但如何制造该吸盘的模型呢?研究人员文力选择采用 3D 打印技术,而在此处就遇到了第一个难题:鲫鱼的结构复杂,硬软兼备,普通的单一材料 3D 打印根本无法实现。于是研究团队耗时一年,发明了材料刚度跨越 3 个数量级的 3D 打印技术,实现了复合材料 3D 打印一体化,以解决这第一大难题。

难题二:机器人的骨骼结构:仿生鲫鱼小刺

在仿生材料的挑选过程中,他们很快就遇到了第二个难题。在每一个鲫鱼的吸盘上都约有 2000 个锥状小刺,这些小刺对于吸附的过程产生了很重要的作用。一般情况下，当吸盘吸附在物体表面时，会产生较大的法向力，但是切向力并不大。小刺处于放松状态时，吸附力小，脱落也相对容易。而当小刺与吸附表面接触时，就会同时产生较大的切向摩擦力，从而牢牢地吸在物体表面。对此，文力解释道："肌肉的运动需要消耗能量，当驱动小刺的肌肉放松时，能量消耗会显著减少，这是生物体本身具备的一种智能调控特性。"

所以，问题就来了，怎样才能够找到这种既轻且强度高，还能嵌入鳍片中的材料呢？经过反复研究比较，最后文力选择了碳纤维材料。但是要加工出如此微小的纤维结构并不容易，课题组和哈佛大学 Robert Wood 实验室一起攻关，借助该实验室的高精度激光加工技术，在几个月里不断修改设计方案，终于加工出了尺度、形状都和真实鲫鱼结构高度近似的硬质小刺，并嵌入到了复合材料的样机鳍片中。

难题三：机器人的驱动动力

样品做出来了，但最后一个难题也来了，怎么让其动起来？

传统的电机重量/输出力比例远远低于生物，且不适合驱动这样微小的鳍片结构运动。为此，课题组制作了轻量化、防水的纤维增强软体直线驱动器，实现了鲫鱼吸盘内部鳍片的微动，幅度约为 150 微米。

文力团队通过这三项关键技术，成功让机器人样机能够像真正的鲫鱼一样牢牢地吸附在物体表面，并且通过内部鳍片的主动抬起运动显著增大摩擦力，解决了该仿生机器人面临的三大挑战。

据了解，该研究项目历时4年，涉及生物力学、材料、化学、机器人等多个研究领域。基于生物体机制，这种机器人虽然吸附力可观，却不会对吸附表面造成破坏。该项研究在军民领域都有良好的应用前景，如在国防科技、水下救援、海洋生态检测等方面，都可发挥重要作用。

【机器人案例1 产品分析】

机器人技术作为一门新兴学科，在工业飞速发展的今天扮演着非常重要的角色，而其发展与机械电子、机电一体化、控制原理等多学科的发展息息相关。仿生机器人作为机器人领域的一大分支，是机器人日后发展的大方向之一。仿生机器人是指依据仿生学原理，模仿生物结构、运动特性等设计的性能优越的机电系统，已逐渐在反恐防爆、太空探索、抢险救灾等不适合由人来承担任务的环境中凸显出良好的应用前景。

仿生机器人产品的研究问题很多，主要包括以下五个问题：

第一，建模问题。仿生机器人的运动具有高度的灵活性和适应性，其一般都是冗余度或超冗余度机器人，结构复杂。

运动学和动力学模型与常规机器人有很大的差别，且复杂程度更大。为此，研究建模问题，实现机构的可控化是研究仿生机器人的关键问题之一。

第二，控制优化问题。机器人的自由度越多，机构越复杂，必将导致控制系统的复杂化。复杂巨系统的实现不能全靠子系统的堆积，要做到"整体大于组分之和"，同时要研究高效优化的控制算法才能使系统具有实时处理能力。

第三，信息融合问题。在仿生机器人的设计开发中，为实现对不同物体和未知环境的感知，都装备有一定量的传感器，多传感器的信息融合技术是实现其具有一定智能的关键。信息融合技术把分布在不同位置的多个同类或不同类的传感器所提供的局部环境的不完整信息加以综合，消除多传感器信息之间可能存在的冗余和矛盾，从而提高系统决策、规划、反应的快速性和正确性。

第四，机构设计问题。合理的机构设计是仿生机器人的基础。生物的形态经过千百万年的进化，其结构特征极具合理性，而要用机械来完全仿制生物体几乎是不可能的，只有在充分研究生物肌体结构和运动特性的基础上提取其精髓进行简化，才能开发全方位关节机构和简单关节组成高灵活性的机器人机构。

最后，微传感和微驱动问题。微型仿生机器人有些已不是传统按比例缩小的常规机器人，其开发涉及电磁、机械、热、光、化学、生物等多学科。对于微型仿生机器人的制造，需要解决一些工程上的问题，如动力源、驱动方式、传感集成控制以及同外界的通信等。

本案例中的仿生机器人在克服上述五大技术壁垒方面均有考虑，机器人模拟具有共生属性的鲫鱼习性，能够通过吸盘吸附在别的大型鱼类身体上活动而减少体能消耗。在实现机器人灵活度，确保吸附牢固功能上，产品研发了人造小刺结构，能够让机器人实现随着被吸附的物体不规则运动而调整身体适应运动轨迹的难题，同时在机器人的运动动力方面也是模拟鲫鱼骨骼及肌肉运动方式，制作了轻量化、防水的纤维增强软体直线驱动器，实现了鲫鱼吸盘内部鳍片的微动，并通过内部鳍片的主动抬起运动显著增大了摩擦力，确保仿生机器人能够实现牢固吸附和灵活调整。产品模拟鲫鱼能够通过小鱼吸附大鱼获得动能的习性，既不会对被吸附生物或物体产生危害，又能够轻松地获取能量，其选择模拟的生物对象（鲫鱼）体现了产品人的研发智慧。案例中的产品仍然处在研发阶段，但该产品顺利投入生产后，在军民领域都有良好的应用前景，可以投入到国防探测、水下救援、海洋生态检测等应用场景中。

【科言漫语】01 机器人：仿生

【机器人产品案例2】日本研发小鸟型英语会话机器人[①]

从事教育软件开发的日本 CAI MEDIA 公司近日灵活利用人工智能（AI）与物联网（IoT）等技术开发了一款小鸟型英语会话学习机器人"Charpy"。这款机器人能收集互联网上数量庞大的信息，为使用者提供云服务，从而根据使用者的英语能力与兴趣来进行应答，使用者可以借此享受地道的英语对话。CAI MEDIA 公司社长福地三则表示，"希望用户可以借助 Charpy 轻松地进行英语对话"。CAI MEDIA 的相关负责人表示，Charpy 是一款玩偶型机器人，它的定位为"喜欢巧克力的小鸟"。Charpy 将用人工合成的 8 岁男孩的声音与用户进行对话。

Charpy 机器人中内置 1000 句对话模板，连接互联网之后，这些模板则可以得到无限的拓展。CAI MEDIA 社长福地称，使用云服务后，从 ABC 开始到 TOEIC（托业考试）满分，Charpy 机器人将可以应对所有水平的英语对话。此外，机器人还能通过自身配备的相机来识别对话对象与人物表情，过去的对话内容等数据也会在新的对话中有所体现。

用户可以通过智能手机等使用相应的应用软件，享受该公司的专利技术"对话系统"。通过该系统，Charpy 机器人、

[①] 日本研发小鸟型英语会话机器人，机器人，2017 年 8 月 18 日，https://www.roboticschina.com/news/201708181018.html。

用户以及出现在终端画面上的动物三方可以围绕食物等特定的主题来进行对话。

负责开发Charpy机器人的日本静冈大学信息系教授盐见彰睦对Charpy机器人满怀期待,他表示,"这款机器人也可以应用至其他领域,是一款有发展前途的英语会话学习机器人"。用户可以通过互联网进行预订。机器人的价格为42984日元(约合人民币2579元),云服务的使用费为每月864日元(约合人民币52元)。

【案例2 产品分析】

如今机器人蓬勃发展。横向上,机器人的应用面越来越宽,由95%的工业应用扩展到更多领域的非工业应用,如手术、农业、巷道掘进、侦查、烹饪等;纵向上,机器人的种类会越来越多,机器人智能化也会持续得到加强,即机器人会更加聪明。

目前世界上至少有48个国家在发展机器人,其中25个国家已涉足服务机器人开发。在服务机器人领域,发展处于前列的国家主要是日本、韩国、美国、德国和法国。从个人和家庭服务机器人来看,据统计,[①] 2015年全球个人和家用服务机器人销量约为540万台,较2014年增长16%;销售

---

① 全球服务机器人统计报告,国际机器人联合会,2018年1月29日.

额为22亿美元。2011—2015年，全球个人和家庭服务机器人年均复合增长率约为20%。根据国际机器人联盟（IFR）预测，全球家用机器人数量在2019年将增至3100万台。目前，家用服务机器人主要包括家政服务机器人（包括机器人管家、真空清洁机器人、割草机器人等）、娱乐机器人、助残机器人、个人交通机器人和家庭安全与监视机器人。其中，家政服务机器人和娱乐机器人占据主要市场份额。

本案例中的小鸟玩偶型机器人产品主要具备以下列两个创新之处：首先，该款产品型机器人主要针对各年龄阶段的客户英语学习和考试需求，通过利用人工智能（AI）、物联网（IoT）及语音识别等前沿技术，让用户能够以最方便的方式——与产品对话来学习英语。机器人在识别用户说出的英语句子后，能够利用产品自带的英语回复模板及从云数据库中调用适合的回复来与用户交流，以用户的基本需求为出发点，借助新科技让产品的语音对话功能更加智能化。其次，产品外观设计成为小鸟玩偶，外形可爱，交互界面友好，用户接受度高并容易对该款玩偶机器人产生喜爱之情。玩偶可爱的外观设计也增加了机器人的购买附加价值，用户在用作智能语言学习机器人之外，还可以将产品作为玩偶使用。

【科言漫语】02 机器人：小鸟

领域4：基因编辑工程

【基因编辑工程案例1】科学家利用基因工程技术改进大肠杆菌，使其与西兰花搭配食用即可杀死大肠癌细胞[①]

随着人们身处环境和饮食的复杂化，加上缺乏锻炼等，结直肠癌成为当今社会比较常见的癌症之一。目前结肠癌患者早期通过手术切割治疗，5年存活率相对较高，但是到了晚期后存活率就会大幅下降，而且复发的风险非常高。

为了解决该癌症不易发现而导致的难以治疗等一系列问题，新加坡国立大学（NUS）Matthew Chang助理教授的医学实验室将大肠杆菌Nissle改造为一种益生菌，它能够附着在结肠癌细胞表面，并分泌一种酶，将一种物质（西兰花特有的提取物）转化成为有效的抗癌成分。癌细胞会吸收附近的抗癌成分并被杀死。正常的细胞不会进行这种转化，也不会受到毒素的影响，因此该系统只会作用于结直肠癌细胞。

这种基因工程合成的益生菌和西兰花的提取物能够杀死培养皿中95%以上的结直肠癌细胞。但是这种混合物对其他类型的癌细胞却没有作用，如乳腺癌和胃癌。令人惊讶的是，这种益生菌和蔬菜混合物能够使患结直肠癌的小鼠体内的癌

[①] 科学家利用基因工程技术改进大肠杆菌，使其与西兰花搭配食用即可杀死大肠癌细胞，镁客网，2018年1月15日，http://www.im2maker.com/news/20180115/8d493b6cebc60c69.html。

细胞数量减少75%。相比于没有食用这种混合物的对照组小鼠，实验组小鼠体内的肿瘤体积小3倍。

对于研究团队的这一成果，Matthew Chang教授表示："这种方法最大的优点在于，我们只是利用大家的生活方式，将正常饮食转化为可持续性、低成本的治疗方案。"新加坡国立大学医院的结直肠癌专家Yong Wei Peng博士认为，这项研究对预防和清理手术后残留的癌细胞有重要意义。未来，结直肠癌患者可以将益生菌和西兰花一起食用来预防结直肠癌或降低术后的复发风险。

【基因编辑工程案例1分析】

基因是具有遗传效应的DNA（脱氧核糖核酸）片段，它能控制生物的性状，支持生命的基本构造和性能。基因组编辑是改变目标基因序列的技术。如同对文本进行修改一样，首先要把错误或想要修改的地方找出来，然后使用工具，按照修改的意图，插入、删除部分词句或者改写一段"文字"。当然，基因编辑是在细胞内对基因序列进行类似的操作，过程要复杂得多。

在基因组编辑的过程中，找到一把自带"导航系统"的"剪刀"至关重要。目前主要有三大基因编辑技术：人工核酸酶介导的锌指核酸酶技术（ZFN）；转录激活因子样效应物核酸酶技术（TALEN）；RNA引导的CRISPR－Cas核酸酶技术。其中CRISPR/Cas9（Clustered regularly interspaced short palindromic repeats）技术是近年来出现的新"剪刀",因为其构成简单、编辑效率高且易操作,成为基因组编辑得心应手的工具。该工具能对生物本身基因进行定向改造,利用"精确制导"的"基因剪刀",能够高效、准确地按照人类的意志修改基因组。

美国某著名咨询公司近日发布报告称,全球基因组编辑的市场规模将从 2017 年的 31.9 亿美元增长到 2022 年的 62.8 亿美元,复合年均增长率为 14.5%。[1] 目前,基因编辑在生物医疗领域有三个主要应用:帮助了解人类疾病和治疗的基础研究,治疗或预防体细胞疾病的临床应用,以及治疗或预防生殖细胞疾病的临床应用。

案例中的基因编辑技术是将大肠杆菌进行基因改造,使其与西兰花化学成分发生反应,产生杀死肠癌癌症细胞的功效。这款产品的应用场景设计精准,用户画像定位准确,而且对大肠杆菌的基因改造材料充足、安全,且不会引发道德争议,是一个具备产品量产化潜力的产品设计。

---

[1] 基因组编辑/改造市场分析报告,Markets and Markets,2017 年 12 月 1 日。

【科言漫语】01 基因编辑：大肠杆菌

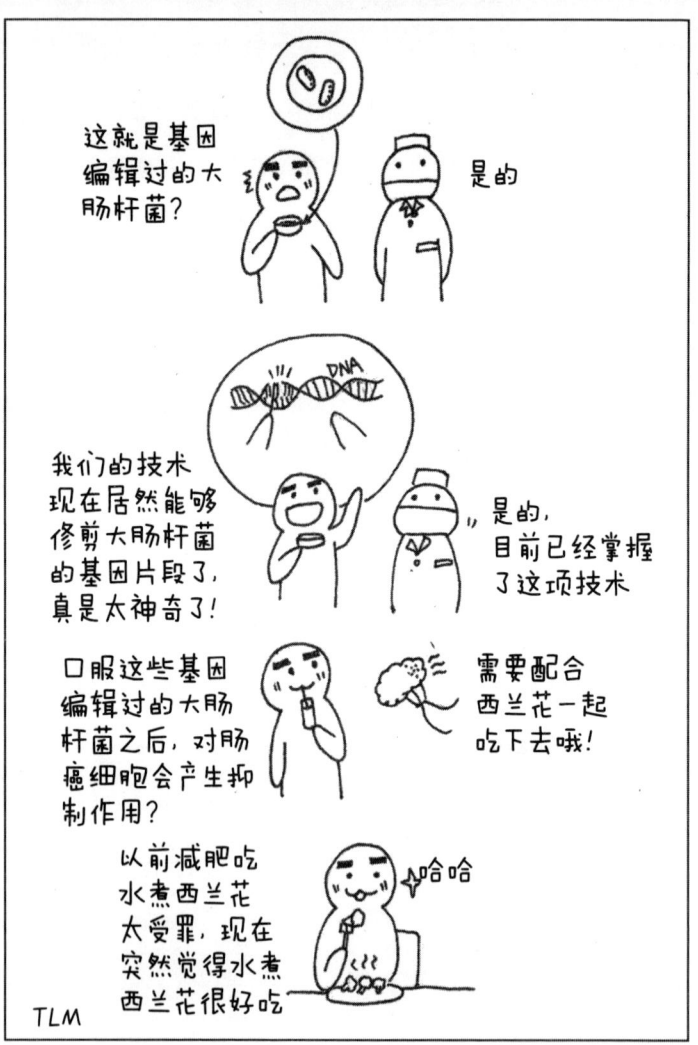

【基因编辑工程案例2】中国基因编辑为育种带来新天地[①]

不久前,袁隆平院士宣布了一项重大成果:水稻亲本去镉技术获得突破,为解决镉污染土地种植安全水稻提供了先进方案。这项重大成果就是利用基因编辑技术实现的。利用基因编辑技术进行农作物育种,如今已经成为国际科学竞赛新的热门领域,国内外都有前沿消息传来。

农业育种为什么需要基因编辑技术

生物体的性状及活动都是由基因控制的。如果将决定一个生物体最根本遗传信息的基因组比喻成一本书,那么人类首先要做的事情就是读出这些 DNA 序列信息,获得这本生命之书。随着测序技术的进步和测序成本的降低,越来越多的生命之书被破解,例如,人类的基因组序列早在 2003 年就已测序完成并对外公布;水稻、玉米、番茄等重要农作物的基因组序列也已测序完成。

获得了这本生命之书后,人便尝试着读懂这些信息。在过去的二十多年里,科学家主要通过突变体来解读这些基因信息。以水稻为例,通过化学或物理诱变的方法,随机改变遗传信息,获得各种各样千奇百怪的水稻突变体,从最简单的一个基因控制一个表型入手,先观察受影响的表型,再找

[①] 基因编辑为育种带来新天地. 北京日报, 2017 年 11 月 1 日, http://www.ce.cn/cysc/sp/info/201711/01/t20171101_ 26717409.shtml,有删节。

到控制这个表型的基因，解读那段基因序列的功能。通过不懈的努力，许多控制重要农艺性状的基因已经被解读，为下一步的改造提供了依据。当然，还有更多未知的基因功能等待着科学家研究。

接下来，人类要做的就是如何按照自己的需求来编辑修改这些遗传信息，并使之可以固定遗传。这就迫切需要一把"基因魔剪"——基因编辑技术。

早期的 ZFNs 和 TALENs 技术最先被应用于基因编辑，但由于这两项技术的使用比较复杂且成本较高，限制了它们的广泛推广应用。

2012—2013 年，一项新的基因编辑技术——CRISPR–Cas9 横空出世，它具有简单高效的优点，立即风靡生物界，大大推进了基础科学研究、人类基因治疗与作物遗传育种等领域的研究进展。CRISPR–Cas9 系统主要由两个元件组成：一个是负责切割 DNA 序列的核酸酶 Cas9；另一个是负责在基因组上精确定位的 sgRNA。它们俩就像一把剪刀和一把尺子，在基因组这本生命之书上精准地找到需要编辑的位置，进行剪切，就如同我们在电脑上编辑一篇 Word 文档那么简单。

在农作物育种中优势初显

"基因魔剪"已经在部分农产品中发挥功能，为我们创造了一些之前很难获得的新品种。

白粉病是小麦的重要病害之一，严重影响到小麦的产量和品质。中国科学院遗传与发育生物学研究所的高彩霞研究员与中国科学院微生物所的邱金龙研究员合作，利用基因编辑技术，首次在小麦中实现了MLO基因的突变，从而获得了对白粉病具有广谱抗性的小麦材料，并且整个过程最快仅需要半年，在小麦农业安全生产上具有重大意义。

美国Calyxt公司通过基因编辑技术降低土豆中天门冬酰胺和单糖的含量，使得土豆既能够耐冷藏，又能够减少高温烹饪时产生的致癌物质丙烯酰胺。

宾夕法尼亚大学的杨亦农实验室利用CRISPR-Cas9技术，在白蘑菇中将容易引起褐变的多酚氧化酶的编码基因敲除了1个（原来有3个），将该酶活性降低了30%，从而获得了不易褐变的白蘑菇，更易于保存和运输。

美国杜邦先锋公司通过CRISPR-Cas9技术敲除控制直链淀粉合成的Waxy1基因获得了糯玉米新品种。

不久前，中国工程院院士、"杂交水稻之父"袁隆平宣布了一项重大成果：水稻亲本去镉技术获突破。袁隆平的研究团队同样利用了这把"基因魔剪"，将水稻中参与吸收镉离子的基因敲除了，获得了不吸收镉离子的水稻品种。这项技术的运用，为解决镉污染土地种植安全水稻提供了完美的解决方案。

【基因编辑工程案例 2 分析】

基因编辑技术让农业进入新的阶段。基因编辑不仅能够使作物中的目标基因失去活性,还可以对其进行基因改良。对于农业来说,基因编辑为培育新品种带来了更多的可能性。例如,可以让一些作物从无到有具备抗旱、抗虫、抗病等特性,或使一些作物更好地适应消费者在外观、口味和保存方面的需求。

据世界知名市场调研公司 Kalorama Information 的报告,2016 年基因编辑工具、试剂、服务、模型和其他相关供应市场规模达 6.08 亿美元。而 2014 年这一市场规模为 2.34 亿美元,增长显著。[①] 随着新应用的发展以及相关项目的增加,这一市场在未来 5 年预计将持续快速增长。其中,基因编辑在农业中应用的增加是该市场增长的驱动力之一。

玉米、小麦、水稻是世界上三大粮食作物,这三大粮食作物的产量占所有食物产量的一半以上。而中国是水稻生产大国。现在种植的水稻品种是野生稻经过人类近万年的驯化和近百年的现代育种而获得的。在这漫长的人工选择过程中,水稻育种家主要通过在田间寻找、选择变异株系,再进一步选育获得符合我们需要的水稻品种。常规的水稻突变体通常

---

① 基因编辑技术:总结 2016,突破 2017. 生物探索,2017 年 1 月 28 日,http://www.biodiscover.com/news/industry/652589.html.

来源于天然自发突变或化学、物理及生物人工诱变，具有很大的随机性，已不能满足日益增长的大规模的水稻功能基因组学基础研究和水稻分子品种设计育种的需求。基因组编辑是对生物基因组特定靶位点进行定向改变的新技术，能高效地改造粮食作物的生物构造。

案例中的基因编辑水稻不同于转基因水稻，是基于水稻本身的基因片段删减修改，而非引入外来物种基因片段，因此能够更高效地改变水稻本身特性，以满足产品用户的需求，并且有效降低诱发基因突变的潜在安全性问题。

【科言漫语】02 基因编辑：基因育种

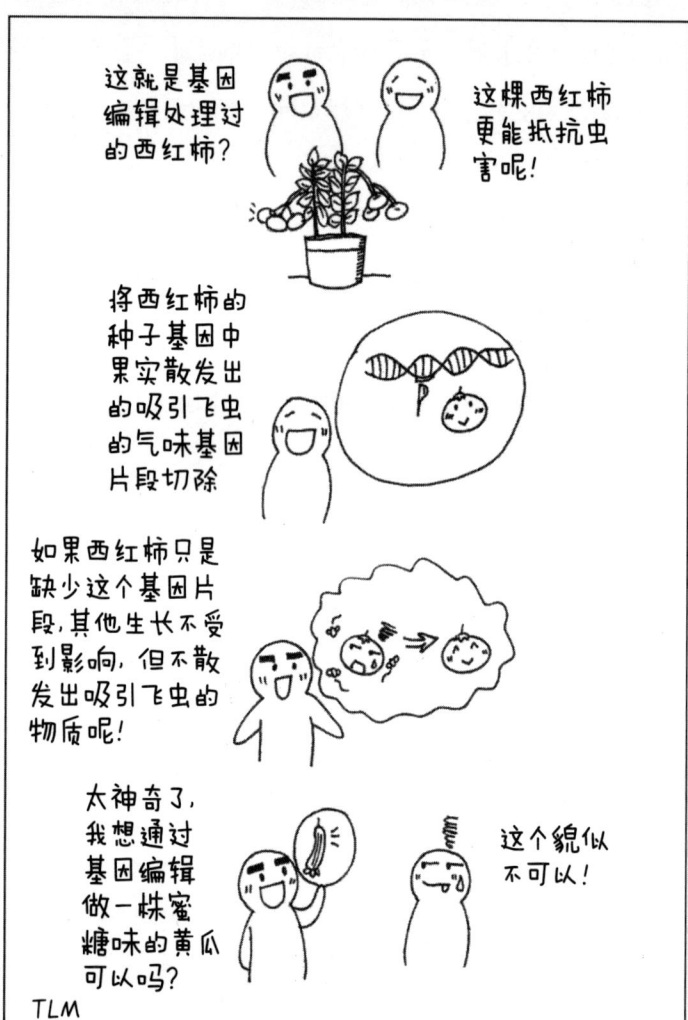

第 3 章

科技创新爆款产品核心模块

1 科技创新爆款产品三大内因

科技创新产品想要发展成为爆款产品,需要具备三个内在因素:科技创新势能、知识整合转化能力及创新商业模式。

图3-1 科技创新爆款产品内因

科技创新势能

新技术是促进产品创新的第一动力,产品中蕴含的新技术符合未来科技发展趋势，能够赋予科技创新产品市场竞争力。CB Insights 的数据显示，截至 2017 年 8 月，中国的独角兽企业数量为全球第二，共有 53 家，仅次于美国的 105 家。中国占到了全球独角兽企业总数的 26%，而美国占了 51%。① 在中国，独角兽企业主要集中在电商、金融科技和技术硬件领域，而美国的独角兽企业则主要分布在互联网、软件与服务、医疗保健行业。

知识整合转化能力

知识包括技术、信息和咨询。科技创新企业的知识整合吸收转化能力是指科技创新企业识别外部新知识的价值，消化、吸收并将其商业化的能力。科技成果转化产品能力是科技创新产品公司为提高生产力水平而对科学研究与技术开发所产生的具有实用价值的科技成果所进行的后续试验、开发、应用、推广直至形成新产品、新工艺、新材料，发展新产业等活动。以科技创新为指导的产品创新过程充分考虑了消费的发展趋势，主动迎合甚至引领了用户的消费意识，又让科技创新产品成为爆款产品赢得了更多的能量。

---

① 美国 CB Insights 发布"全球独角兽公司榜单"，中国投资咨询网，2017 年 10 月 16 日，http://www.ocn.com.cn/jinrong/201710/hnuym16142948.shtml。

创新商业模式

不同于传统商业模式,科技创新爆品不会在产品定型生产之后,才安排营销部门进行产品的市场细分和渠道推广计划。在创新产品生产过程中,创新商业模式就不断与用户的新欲望和需求相结合。企业通过与目标用户进行互动,甚至让用户参与到新产品的设计中,这种产品运作模式既能够最大限度地贴合用户的需求痛点,又能够提升产品应对用户需求变化的敏捷度和应对效率,让产品在塑造阶段就与用户的需求实现有效贴合。

2 科技创新爆款产品三大外因

科技创新产品想要成为爆款产品,必须具备三个外在因素:平台战略、社群营销及跨界合作思维。

图 3-2 科技创新爆款产品外因

平台战略

数字化正在重塑商业世界,它带来的不仅是效率的提升,商业模式的创新和演进,甚至给产业带来了颠覆性的变化。在这些新兴商业模式中,近年来最受人瞩目的莫过于平台模式。综观全球许多重新定义产业架构的企业,我们往往会发现它们成功的关键——建立起良好的"平台生态圈",连接两个以上群体,弯曲、打碎了既有的产业链。平台生态圈里的一方群体,一旦因为需求增加而壮大,另一方群体的需求也会随之增长。如此一来,一个良性循环机制便建立起来,通过此平台交流的各方也会促进对方无限增长。而企业通过平台模式便可达到战略目的,包括规模的壮大和生态圈的完善,乃至对抗竞争者,甚至是拆解产业现状、重塑市场格局。

社群营销

社群就是一群志趣相同、气味相投的人在一起,基于共同的目标一路同行。社群的作用就是通过线上、线下的高频互动把那些本来和企业没有任何关系的用户转化成弱关系用户,把本来是弱关系的用户转化成强关系、强链接的超级用户。如今,绝大多数企业面临的营销局面是流量红利飘然远去,获客成本居高不下,转化率日渐走低,同质化竞争日趋严重。很多企业看准了"社群"巨大的潜力,试图通过社群吸引新用户,完成销售转化。让用户带来用户,让口碑赢得口碑是唯一有效且可持续的营销方式。社群看中的不是一次性交易,而是持续复购。社群看中的不是一件产品而是一站式系统解决方案。原来在企业眼里，客户是用来赚钱的，所以很多企业与客户都是一次性的交易关系；后来企业发现，只有和客户交朋友，才可能实现复购和口碑裂变。原来认为一个客户就是一个客户，后来发现在人以群分的时代，一个客户背后完全有可能是一群客户。原来认为客户就是客户，后来发现客户完全可能转化为粉丝，转化为员工，转化为股东投资人、合伙人。

跨界合作思维

跨界合作对于一个品牌最大的益处是让原本毫不相干甚至矛盾、对立的元素，相互渗透，相互融汇，从而产生新的亮点。说得更加直白一些，就是有更多的机会让消费者掏出钱包。跨界合作的方式可以有效更新成熟但趋于审美疲劳的品牌形象，充分连接有更高价值预期的年轻消费者，甚至可能以此找到品牌创新的捷径。跨界合作不只是品牌联合曝光，而是在销售方式、共同体验方面不断深入，每一次的合作都可能成为对以往模式的改变甚至挑战，在带来创新的同时充满了非标准化，难以用诸如"选择代言人"这样明确任务的一套作业流程来完成。促成这样的跨界合作需要双方反复沟通协商，而如果有一个了解双方情况，精通移动社交营销，又与双方利益一致的第三方，则可以很好地扮演这一中间人角色，甚至协助推动合作在品牌内部其他部门中的说服与协作。随着市场竞争的日益加剧，行业与行业的相互渗透、相互融会，已经很难清楚地界定一家企业或者一个品牌的"属性"，而跨界营销对一个品牌最大的益处是使营销在更多原本不相关的渠道里资源共享，合力开拓"1+1>2"的市场，实现收益倍增。

3　模块一：产品概念形成
——将产品经理思维模式扩展到公司全员

科技创新产品经理不仅要懂科技创新和产品研发生产流程，更重要的是要有产品化的思维，知道服务的用户是谁，用户需求是什么，如何不断地满足用户需求以及应对用户新痛点，在满足用户痛点过程中不断地迭代改进产品，创造更多的用户价值。

科技创新公司会设置多个部门，从宏观上看，可以把公司人事制度理解为一个产品，运营流程也是一个产品，而这些产品之间并没有直接的联系，互相之间没有可以复制借鉴的地方，而项目是不具备可复制性的，每个项目都是单一的个体。产品经理要做的就是立体思考，不断创新，在不同的项目上采取不同的方法，不断地满足用户需求，才会实现价值。此时的产品经理就不再是一个职位，而更多的是一种思维方式，在满足需求的同时不断创新。因此要重视各部门之间的信息对称和产品思维上的统一,最理想的状态是将产品思维扩展到全员,即科技创新公司全员都具备以用户痛点为出发点的产品意识。

产品的第一作用是解决需求,这些需求来源于用户,产品经理要做的是发现需求,解决问题。例如,有这个需求的人够不够多,问题的严重程度,等等。产品经理需要对需求进行优先级排序,只要需求足够强烈,那么产品就一定有市场。

在科技创新产品工程师的思考模式下,员工会将关注点放在如何将一个功能用最合适的技术、最好的方法实现;而在产品经理的思考模式下,其思考的则是如何能够解决用户最关心的问题,如何能够增加用户的使用时间等。例如,要改进一款拍照软件,技术与产品有不同的思路。从技术转向产品,重中之重,就是从"怎么样"向"为什么"思维转变。从关注一个需求如何实现,就变成关注"为什么需要"这个需求。多思考为什么,从而找到需求或问题的本质。产品经理要多问为什么,逐渐发掘本质需求和问题。

表3-1 两种思考模式的对比

科技创新产品工程师思考模式	科技创新产品产品经理思考模式
以创新技术为核心	以用户价值和商业价值为核心
怎样实现科技创新	为什么要实现该科技创新
关注产品研发生产细节	既关注细节也关注产品全局
对产品技术造型有完美情结	完成产品比做出完美产品更重要

续表

科技创新产品工程师思考模式	科技创新产品产品经理思考模式
像专家一样行动	学会归零和站在用户的角度换位思考
重视科技产品的功能	重视科技产品的体验
提供完整的解决方案	提出产品研发运营商业模式

那么科技创新产品研发制造企业如何将产品经理思维模式扩展到公司全员呢？

（1）公司全员要有以用户体验为中心的意识。

公司全员要学会将用户的体验作为研发生产和运营的工作行为出发点，目标是给用户带来好的产品使用体验。而好的用户体验包含很多方面，多位相关领域的研究学者也做过很多模型，如 Whitney Quesenbery 提出的 5E 原则，包含了有用性（Effective）、效率性（Efficient）、易学性（Easy to learn）、容错性（Error Tolerant）、吸引力（Engaging）。简单解释就是，企业研发的产品要对用户有用，能在一定程度上提高用户的生产生活效率；容易理解并快速地知道如何操作；用户操作失误后，能够挽回损施或者不会造成较大的损失；对用户是有吸引力的，无论是从功能还是造型上。

（2）了解产品项目组组成和员工在项目组中所处的位置。

一个完整的项目组通常是由多个部门组成的，尤其是服务环节非常庞大的一些互联网或物联网线上线下产品平台。这样的项目组成员要学会主动了解项目每个环节和每个部门的职责，进而知道整个项目的运作模式、每个人在项目中的作用。项目组中的每个成员都会有直接、间接的工作联系，拥有产品经理思维模式的员工要知道自己的直接需求方和最终的需求方来自哪里，自己的业务领域中对接的下游有哪些，最终自己输出的设计、方案和成果会在哪里落地。虽然该员工与一些环节没有直接交集，但如果出现问题，项目组全员也要去思考是否可以从这个同事的角度去思考对策和解决问题。例如，某前沿科技产品的研发人员可以尝试与产品视觉设计人员沟通技术研发方面的一些问题，虽然两块工作没有太多重合，但也许设计人员提出的一些设计理念能够激发产品技术研发人员的灵感，从而进一步提高技术创新研发的效率。

（3）在项目组内实现项目进展信息透明化及激发个人的项目推动力。

在整个项目组中，某个部门人员会认为，接到需求后，只要确定需求，并根据自己的进度确定这个环节的交付时间，按时交付就可以了；对项目功能何时发布，产品何时投入市场，项目当年的发展计划目标并不关注。另外，由于项目组研发设计的标准化制度，项目进展信息没有透明化公开。这样运营项目的结果就是每个环节的人员在项目中的作用就仅仅局限于自己本环节的工作产出。要实现全员产品经理思维，就需要增强信息交流,消除项目信息的不透明。例如,项目组内增加产品研发进度或产品市场反馈情况公示等;同时,公司管理者需要提升各环节人员在项目中的参与性和话语权,高效收取他们的反馈并将反馈以知识沉淀的方式在公司内部转化成为真实有效的项目发展经验,以激发各项目组成员都积极参与到推动产品研发制造和销售生命周期中来,从而加快项目进展。

要激发项目组全员推动项目的意识,就要尽量保证项目的产品按照计划的日期上线发布,例如,某科技产品的一些设计方案的实现比较复杂,开发人员评估或在实际编写时发现工期会延长,影响版本发布,有些设计师会比较固执地让开发人员在当期版本按原定的设计方案执行,最终造成产品版本延迟推出测试,这就是不同部门人员之间缺乏项目思维的表现。正确的做法是快速给出可以替代的设计方案,如果这个功能不是本版本的必要功能,就放到下一个版本,第一原则是不可以让上线延迟。因为延期上线会形成习惯,有第一次就会有第二次,最后造成全年的项目计划延期。更进阶的推动项目,各部门人员要主动去思考产品功能,主动去提高体验,增加留存率、转化率。不要仅仅扮演接需求和给方案成果的角色。

(4)协调项目组全部门人员达到最佳协同效率。

确保项目组全部门成员相互知晓每个人负责的业务和进度,并在成员有特殊情况不能到岗时,有替补人员,不会影响产品项目的各项进展。这个责任更多在项目组负责人的身上,可以通过定期的周会,对项目全组通报工作进度和结果,在周会中设置项目组成员针对产品的头脑风暴沟通环节,这些措施都有利于小组的能力和效率提升,从而促进整个项目发展。项目组不同部门之间,如从产品到设计再到开发测试,都需要有比较严格规范的提需求、设计方案、开发执行的制度和时间表,小组之间可以定期碰面讨论,发现当前的问题,提出解决方案。而随着项目不断发展变化,原有的方法可能会变得不适用,所以定期地在项目组开展调整策略的讨论也是非常必要的。有效沟通不仅能够在项目组内让全员形成产品思维模式,更能够消除信息不对称,培养协作默契和效率,从而有效推动产品项目的发展。

4 模块二：产品原型打造
——用设计思维塑造切中用户痛点的原型产品

随着互联网和工业4.0浪潮的到来，科技创新技术门槛的降低及消费者需求的多样化，催生了大量人群及环境细分的小型团队公司，创新性、产品开发速度及受欢迎程度对其极其重要。在"快速开发、快速试错、快速接收反馈并调整、快速迭代"的竞争模式下，对公司系统思维和统筹架构能力的要求大大提升，设计思维对于其产品原型的开发，乃至公司发展都至关重要。这促使设计思维在产品原型打造上越来越受重视，本书建议采用设计思维来提高科技创新产品设计原型的产出效率和缩短原型原发周期。

设计思维是一种设计理念，它所关注的重点不再是"使用"本身，而是通过理解用户内在的心智模型、用户在消费时所处的环境，以及观察在心智模型和所处环境双重作用下的用户对产品的使用行为，去设计一种真正能够融入用户的生活、被他们依赖的产品。设计思维不单单思考用户如何使用，更多的是理解用户本身以及其所处的环境。设计思维已发展成一个可以学习的创新设计模式，它依靠的不是产品研发个人的创意，而是要通过不同专业的人，从不同的角度，共同产生创意，然后设计出创新的产品或服务。

在打造科技创新产品过程中，产品人从产品技术研发开始，就需要结合以下三个方面打造一款爆款产品：用户价值、科技创新与商业模式。

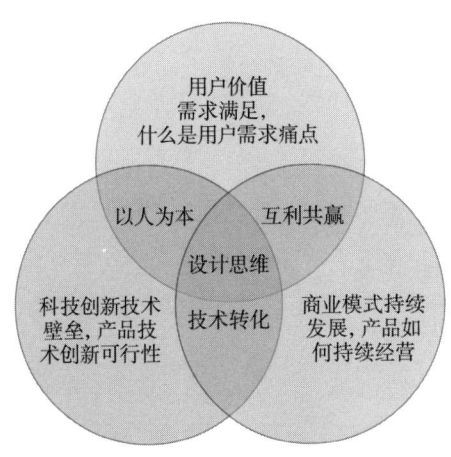

图3-3 用设计思维打造科技创新产品原型

（1）用户价值

与其他产品一样，科技创新产品的最终目的仍是满足用户需求。原本消费主义的盛行导致了科技创新产品设计大而全的风格，如一款科技产品几乎每隔一段时间就推出新型号，然而对用户使用体验的忽视和对趋势的错误判断使产品本身设计上的优势消失，而这也是设计思维或者说系统设计与传统设计方法不同的核心——满足用户需求并不一定就能让产品获得商业上的成功，分析驱动用户购买和持续使用产品的动力，将这些元素融合在产品原型设计和后期产品迭代中，才是产品成功升级为爆款的关键。

（2）科技创新

科技创新产品的概念创造离不开直觉和想象，但一个概念创造能否落地，需要产品技术层面充分验证创新技术的可行性。通过技术可行性分析，设计和决策者们可以明确组织所拥有的或有关人员所掌握的创新技术资源条件边界。确保实现产品的创新技术，需要充分考虑科技发展水平和现有制造水平的限制，分析团队技术开发能力、所需人数和开发时间。

（3）商业模式

商业模式是为实现客户价值最大化及企业的可持续发展，把能使企业运行的内外各要素整合起来，形成一个完整而高效的运行系统，并通过最优实现形式满足客户需求、实现客户价值，同时使系统达成持续盈利目标的整体解决方案。在产品原型研发时期就要考虑技术可行性和商业可行性，强迫科技产品人思考用户需求，进而对可行性进行评估、取舍。

用设计思维打造产品原型主要实施步骤

设计思维是以用户生活品质的持续提高为目标的,并且在原有的科技产品传统研发思维基础上增加更多维度的思考。在科技创新产品研发阶段,产品人就需要采用设计思维将产品的用户价值、商业模式和科技创新三大因素融合到设计和产品原型中。一般而言,通用的原型产品设计思路主要有四个步骤:明确客户需求—头脑风暴—产品建模—产品测试。具体来说,运用设计思维来打造科技创新产品可以参考以下八个步骤开展工作:

(1) 观察用户:这一阶段是由"用户需求发掘"为主,产品人去观察用户行为习惯及环境,从用户中来到用户中去,观察用户并设身处地地理解用户。方式可以为观察或对话、访谈、亲身体验等。

(2) 理解用户:对通过观察收集来的数据进行分析,利用产品研发人员或分析师对用户行为和心理的敏锐洞察能力,深入理解用户的目标、深层动机、行为、想法、态度和价值观等。

(3) 定位及定义产品:定位好目标客户人群和使用环境,同时为该问题定义一个观点,作为设计指导观点。

(4) 产品概念设想:通过头脑风暴、情景模拟等多种方式想出新点子,要注意引入多学科背景人员参与。

(5) 产品设计思维可视化:用脑图、草图、效果图、故事版、人物模型、产品三维建模等多种方式将设计想法可视化。

（6）设计方案评估：从技术、商业、文化等多维度对设计可行性进行评估，并引入目标用户进行测试，用来筛选方案、调整方案或重新设计。

（7）产品原型制作：将想法实物化，在不同阶段可采取不同清晰度的原型。早期可以做草模或功能原型给用户使用测试，中后期可制作更为完整、细节更加丰富的高保真原型或手板等。

（8）原型测试：让目标用户使用你的产品原型，以获得反馈来修改和调整你的原型，或重新设计。要注意测试和反馈要始终贯穿流程的各个阶段。

用设计思维产生的MVP提升产品原型推向市场的效率

在科技创新产品原型开发阶段，产品人根据设计思维需要同时兼顾用户价值、科技创新和商业模式，考虑因素将比仅考虑创新技术研发成果可行性和产品外形制作的更复杂。为了提升原型开发效率，产品人可以打造最小化可行产品（Minimum Viable Product，MVP）。这个概念最早由埃里克·莱斯在著作《精益创业》中提出。最小化可行产品方法有助于鉴别在理论上可行、在实践上有效的最简单可行的产品原型，通过实施这组活动，就能开发出具备基本功能可行性的方案产品。

最小化可行产品（MVP）的关键特征就是，虽然这是一个精简方案，但该原型是可以达到可行性标准的，也就是能够完全符合在用户价值、科技创新和商业模式三方面的设计。MVP能够帮助产品人更好地理解现有方案，识别判断一个特定方法、步骤和解决方案是否有价值，是否值得进一步推动实施。同时，MVP让产品团队能够尽早地对自己怀有的产品想法假设进行验证，并让产品团队通过MVP尽快地收集用户的使用反馈数据，帮助产品原型迭代改善。

用设计思维打造一款最小化可行产品（MVP）依然遵循上文提到的八大实施步骤。然而，如何顺利推进MVP的形成需要克服以下列三个主要挑战：

（1）需要找到与公司发展战略相匹配的点，并以用户的需求变化为核心打造最小化可行产品（MVP）。

科技创新公司在制定发展战略层面提出公司愿景，是公司发展的美好愿望，产品设计也会遵循公司的战略目标而开展工作。然而在实践中会发现，一方面，产品设计与公司远景战略之间可能存在差异；另一方面，产品原型开发周期中用户需求及市场竞争也在发生变化，这个时候产品部门要在产品原型MVP打造时期就对产品打造目标进行调整。一个可行的方法是，产品部门尝试将公司战略目标拆分为一个个可行目标，让符合部分而非全部公司战略目标的MVP产品先后投入市场进行检验，然后根据用户反馈，对产品原型进行快速迭代更新。

（2）在技术研发上"抓大放小"，将研发投入到关键性创新技术上，支持快速试错。

产品部门技术负责人、设计人员及制造人员在细节的把控上要有的放矢。例如，要使某个原型产品具备搜索功能，如果该功能不是产品的核心技术功能，能通过开源技术解决这个功能，就不需要从头开发做一个搜索引擎，以显示技术开发人员的技术能力了。从一些大公司出来的技术专家，常常会从画产品架构图开始，然后按照大公司开发产品的标准化程序推进原型产品制作。但如果开发周期太长，不如精简这些环节，尽快推动MVP获得用户的试用反馈，然后再通过反馈逐渐地迭代产品功能。

（3）最小化可行产品（MVP）打造过程中，产品经理甚至要牺牲某些方面的追求，如细节的追求、用户体验的追求等。

快速设计功能，解决主要问题，满足用户需求之后，在后续版本中迭代改进。一个产品最好的体验是什么？就是解决问题。至于用户的操作感受，并不是第一位的。千万不要在原型产品设计时期就不断地加功能，导致上线的时间一而再，再而三地延期，而要学会做减法。

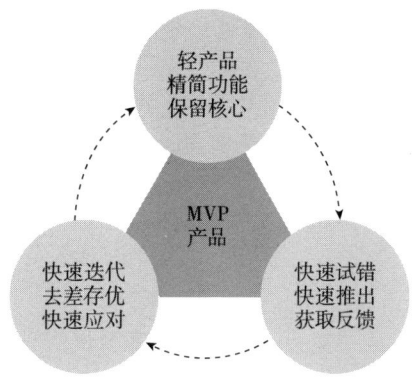

图 3-4　MVP 产品三大核心特征

最小化可行产品（MVP）可以是虚构的网络页面，静态网页只有一个与用户交互功能的按钮，甚至是纸制产品模型，如此简化打造细节就是为了说清楚产品是否对目标用户需求适用，并快速解决用户反馈的问题，提高原型产品打造效率，让产品原型设计更加灵活快速地与用户的不确定性需求接触并完善。在 MVP 打造阶段，产品部门需要统一一个思想，就是快速实践是检验产品功能的唯一标准。

如何进行功能的取舍以快速实现 MVP 的推出和获得用户反馈，这里笔者想举各位熟悉的 iPhone 做例子。当苹果发布第一代 iPhone 时，产品缺乏许多基本功能，如文本的复制粘贴或是搜索功能。现在智能手机搜索通讯录的信息应该是非常简单的通用功能之一，但 iPhone 在第一代中没有设计搜索栏。另外，当你想用 iPhone 第一代发电子邮件的时候，在收信人地址栏中输入收信人地址,希望会出现一些通讯录提示让你快速输入,但是这一功能也无法实现。iPhone 甚至没有蓝牙,而当时 iPhone 以外的智能手机基本上都有蓝牙。iPhone 的例子告诉科技创新企业,产品的 MVP 不需要构建每个功能,构建核心功能并测试市场是否真的需要这些核心功能才是产品原型需要关注的工作重点。

5. 模块三：快速迭代

——快速试验以寻找产品价值爆发杠杆

打造一款真正解决用户需求的科技创新产品，并通过不可或缺性市场测试，是使这款科技创新产品获得迅速和可持续的市场增长，进而成为爆款产品的前提条件。因此，仅靠这款出色的产品在投入市场初期吸引大量用户关注和购买并不足以让产品销量持续增长。即使是真正出色的科技创新产品，一投放市场就深受一批早期核心用户的喜爱，如果没有全力驱动产品市场增长的努力，也无法坚持到成为爆款。太多曾被媒体称为"将引起变革、风潮、引领趋势、独角兽……"的科技创新产品因为无法为更持久和广阔的市场提供具有足够吸引力的核心价值而以退出市场告终。例如，谷歌眼镜，在产品推出时刻，其蕴含的科技创新含量和代表未来科技发展趋势的产品交互设计曾经轰动一时，各界明星的品牌背书也为其市场表现增加了光彩，但是由于其给用户带来的体验并不佳,甚至有报道称:"最终将谷歌眼镜拿到手的科技评测人员直言它电池续航能力糟糕,存在不少漏洞。它也引起了隐私担忧,人们担心在一些私密时刻被戴着谷歌眼镜的人偷拍。"① 该产品也遭遇了各种场所的禁令,包括酒吧、电影院和拉斯维加斯赌场,因为这些地方并不希望有顾客利用谷歌眼镜秘密偷拍场所内部情景和其他人的动向。市场用户是检验产品的唯一途径,谷歌眼镜给用户的体验并不好,甚至产品能够为用户解决的问题并不是用户的痛点,故谷歌眼镜计划终止和退市也在情理之中。

要打造科技创新爆款产品,企业要明确的基本原则之一就是,在确定你的产品是否不可或缺,为何不可或缺,以及对谁来说不可或缺之前,不要进入快节奏试验阶段。也就是说,你必须要了解你的产品的核心价值是什么,对哪些客户来说具备这些核心价值,以及为什么产品对这些用户会产生上述核心价值。

制定产品的增长战略和重点增长因素的第一步是明确哪些指标对你的产品增长最为重要。要确定你的核心指标,首先要明确与用户对产品核心价值的体验最直接相关的行为。所有产品都有共同的增长推动因素,如新用户获取、高激活

---

① 谷歌眼镜"命不该绝"但是缘何失败?网易科技,2015年2月6日,http://tech.163.com/15/0206/06/AHOHIH3B00094P0U.html。

率或高留存率,但是每个产品或企业都有其特定的因素组合。在进入快节奏市场用户试验之前,科技产品的创造者们必须清楚地指出将如何驱动增长:增长杠杆是什么?它们是否能够帮助你取得理想的结果?从产品原型市场测试初期就持续做到这一点,将决定你的增长是真实、强劲、持续且能够创收,直到成长为爆款产品,还是只是市场上创新科技的又一次昙花一现。

在创新科技产品投放市场初期,企业就需要制定一个在最短时间内会对产品用户或销售增长产生最大影响的试验策略。起步时关注点越集中具体,试验的目的性就越强,对产品后期的市场表现影响力也越大。企业对产品投入的资源是有限的,为了在较短时间内找到影响最大的产品因素,需要通过一套十分严谨科学的方法明确你推向市场的产品需要何种类型的增长,以及获得这种增长需要的杠杆指标。

确定增长战略的第一步是明确哪些指标对企业的产品增长而言最为重要,要做到这一点,可以参考约翰斯提出的"基本增长等式"(Fundamental Growth Equation)。所有与增长相关的关键因素都在这个等式中有所体现,而这些因素相加,共同驱动公司或产品的市场增长,即该等式为核心增长杠杆的指标集合。不同企业或不同产品的增长杠杆等式都不会完全相同,例如,亚马逊的市场销售收入增长等式可列为:

收入增长＝垂直扩张×每个垂直市场的产品库存×每个产品页的流量×购买转化量×平均购买价值×重复购买行为

如何选择增长杠杆中的核心指标呢？首先要明确与用户产品核心价值的体验最直接相关的行为。虽然企业成功的背后有很多其他因素的驱动，如研发投入、材料成本、运输费用或库存管理等，但是增长公式的简洁明了正是关键所在。

另外，要创造适合创新科技产品公司的公式不容易，一些直觉上十分关键的指标事实上对实际销量的持续增长影响几乎忽略不计，例如，1.4节提到的平台或APP日活跃用户数，如果不考察日付费用户转化率，日活跃用户数虽然在数据分析报告中很好看，但对该平台或APP的营收提升而言并没有直接影响。

即使一开始无法确定哪些是企业的创新科技产品市场增长最核心的参数，笔者也建议企业不要选择过多的推测核心参数数量，出于对成本和推向市场时间的考虑，企业一开始选择最好不要超过5个核心参数，并最好选出1~2个最核心（即对产品增长的影响最大）增长参数，重点开展试验。较少参数开始市场试验不仅可以降低试验难度，缩短试验准备时间，而且能够提高反馈效率，提升产品的迭代效率。

市场经验告诉我们，增长最快的公司正是那些利用自身资源高效开展市场试验的公司。开展的试验越多，遇到的新情况、学习到的东西也就越多。有的试验会产生一些成功的迹象，但是无法得出绝对的结论，这样的试验结果不足以证明可以在更大范围实施被测试的方法。有的试验会取得小幅的成功，但并不会带来实质性的变化。只有少之又少的试验才会为产品带来明显的商业成功。也就是说，寻求试验的成功是一个以量取胜的游戏，每一次成功无论大小都很重要。一点一滴的认知学习都会带来更好的表现，催生出更好的试验想法，进而带来更多的成功，最终将一次次小幅的改善转化为压倒性的竞争优势。

增长团队的试验量和试验节奏因公司规模和可用资源的不同而各不相同。很多领先的增长团队通常每周会做20～30次试验，还有一些团队的试验量会更大。初创公司可能每周只能启动1～2次试验，然后逐渐累积到更高的试验量；而较成熟的创业公司或者大型企业每周可以启动的试验量则大得多。无论企业或团队规模如何，为了使试验量最大化、结果最优化，都必须遵循一个非常严格的试验过程，使团队能够形成充足的试验想法，并高效地排定试验优先顺序。这样能够保证团队以最快的速度持续开展试验，避免执行松散、试验结果无效，或者在选择下一次的试验想法时陷入耗时的头脑风暴和讨论中。

本书建议，团队应缓慢起步，在这一新的试验过程站稳脚跟之后再逐渐提速。一开始便试图启动太多的试验可能会导致试验执行欠佳，使项目成员感到困惑，或因为试验结果不理想而使士气受挫。开展漫无目的或设计不当的试验可能得不偿失。可以将产品的快速市场试验过程分为五个阶段：分析数据并收集反馈，形成试验想法，排定试验优先级，运行试验，再回到分析阶段审视试验结果并决定下一步行动。这是一个周而复始的循环。无论你的产品是什么，无论你测试的是产品的哪个方面，这一循环中每一个步骤的完成都应当保持固定的节奏，以每一两周完成一次循环为佳。产品项目团队可以每周召开一次 1 小时左右的会议，审视试验结果并决定下一周要执行的试验。

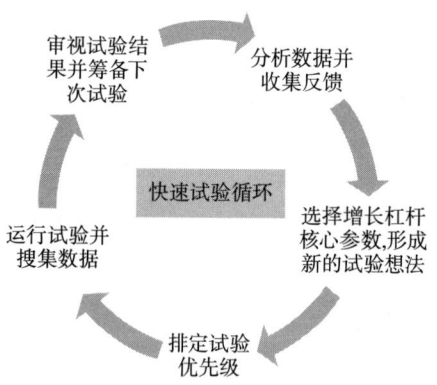

图 3-5 快速试验以寻找创新科技产品市场爆发价值杠杆工作循环

6 模块四：品牌塑造
——基于跨界融合的产品品牌策略

当下随着互联网的普及以及物质的极大丰富，产品选择更加多样化，用户购物标准也变得更加多元化，市场竞争日益激烈，新颖的产品营销手段和方式不断被企业开发和应用。跨界营销作为一种新兴的营销方式逐渐受到重视。跨界营销的核心思想是跨界思维，所谓的跨界思维即突破行业的限制，以一种多角度的方式来审视和解决问题。基于跨界思维的跨界营销是指根据不同行业、不同产品、不同偏好的消费者之间所拥有的共性和联系，把一些原本毫不相干的元素进行融合、渗透，进而彰显出一种新锐的生活态度与审美方式，并赢得目标消费者的好感，使得跨界合作各方的品牌传播效果都能够最大化地营销。

"互联网+"推动了用户的产品消费决策和购买行为转变，影响用户购买决策的不再是相关的广告信息，而是具体的场景体验。用户的消费行为是感性行为,而非基于大量信息的理性选择。科技创新产品也需要应对用户消费行为的转变,以为用户提供更丰富的消费场景体验为中心来开展营销活动。另外,"互联网+"让科技创新信息更容易被获取,产品同质化日益严重,市场竞争越发激烈,营销面临新的挑战。在这种新市场营销形势下,科技创新产品采用跨界营销的策略具有其优势:首先,通过跨界合作,企业能够为消费者带来多元化的场景价值体验,有效激发消费者的购买行为;其次,跨界营销能够通过整合不同行业的资源,降低营销成本,并且借助合作方的营销渠道提升营销效益,实现跨界合作对象的共赢。

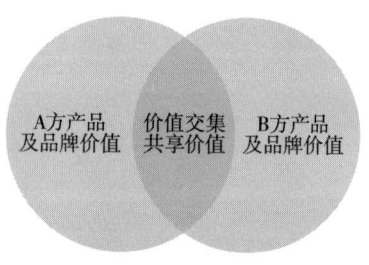

图3-6 跨界营销核心思维

跨界营销的本质是将同一个用户特征以多个品牌、不同角度加以诠释,让不同行业的品牌在拥有相似消费群体和商品特征的基础上,相互融合、渗透,从而让品牌更具纵深感与立体感。跨界营销成功的关键是找对合作伙伴。而寻找商业伙伴的依据不仅仅是在功能上实现互补,更重要的是在用户需求和用户体验方面形成互补,这种互补也促使产品营销观念从以产品为中心向以客户为中心转变。科技创新产品的跨界营销主要有以下三种策略:

(1) 与其他行业的产品功能互助式营销

科技创新产品在开发过程中,将同行业或其他行业的产品功能概念融合到本产品中,并在营销过程中重点宣传这种功能的融合,以实现产品在功能上的"跨界"营销。例如,知名运动品牌与音乐随身听 MP3 播放器品牌联合开发出运动鞋+音乐播放器套装,将运动属性与 MP3 的音乐娱乐属性结合在一起,通过蓝牙无线通信将运动鞋和音乐随身听 MP3 播放器进行信息采集和交互。当消费者穿着运动鞋跑步时,MP3 播放器便可将热量消耗值和总运动次数等数据存储下来并显示在播放器界面上,运动结束之后还可以将这些数据同步到手机或电脑中。两种产品的功能互补,能对用户产生更大的使用价值。

(2) 科技创新产品与产品附加价值属性结合营销

科技创新产品与产品附加价值属性相结合,针对为科技创新产品赋予的其他价值展开营销。原有的产品具备科技领先性和实用性价值,经过赋予其他价值之后,可能会为产品带来更多的趣味和时尚性。例如,某些科技产品与知名动漫 IP 形象合作,推出印制了该卡通形象的限量版产品,卡通形象不仅增加了该科技产品的趣味性，通过营销手段还能吸引对该卡通形象认同的新用户，提高产品销量。

（3）与其他行业联合设计研发科技创新产品

科技创新产品企业倾向于选择更具有艺术性和娱乐性的行业进行跨界合作，让这些合作企业从产品研发阶段就参与其中，将合作方的艺术特质和娱乐特质融合到产品技术和外观造型的开发中，使科技创新产品给用户带来更好的产品使用体验。例如，与知名服饰品牌合作设计的电子产品，在产品外形和用户交互功能中增加了该服饰品牌的元素，让用户具备不一样的趣味创新使用体验。

7 模块五：经久不衰

——拥有自适应企业文化的科技创新产品可持续发展模式

在科技创新产品顺利推向市场之后，企业将面临可持续发展的问题，尤其是创新型高新技术企业，更应该具备不断创新和发展的实力。具体说来，可持续发展的创新型高新技术企业需要具备以下几个特点：

第一，企业对于高新技术具有自主的知识产权，并将其作为企业发展的核心技术。创新型企业要有自己的知识产权和专利认证，其相关的技术水平要达到行业的领先标准。

第二，企业对于高新技术要有持续的创新能力。高新技术企业要在新技术研发上有充足的资金进行支持，在某些特定的环境下，需要有专门的研发部门，或者长期稳定的第三方研发机构和相关人员做技术上的支持。

第三，创新型高新技术企业要有较强的行业带动性和自主品牌意识。通过建立自主品牌，企业可以在市场中保持长期的竞争力和市场份额占有率。

第四，创新型高新技术企业要有较强的盈利能力和较高的企业管理水平。企业只有保持良好的财务状况和较高的经营水平，才能够在市场中保持良好的发展趋势。同时，企业要有较为完善的知识管理体系和质量管理体系。

第五，创新型高新技术企业要有良好的企业文化。企业文化是一家企业健康发展的重要保证，也是企业员工凝聚力的重要体现。只有良好的企业文化，才能促进企业更好地向前发展。

科技创新产品要发展成为爆款产品离不开企业的持久发展动力，而企业内部的自适应企业文化就是企业持续发展的核心动力。科技创新企业需要搭建能够自适应市场和用户需求变化的持续创新的组织，企业文化是企业发展的核心动力。自适应企业文化具备三大特征：学习型文化、创新型文化和敏捷型文化。

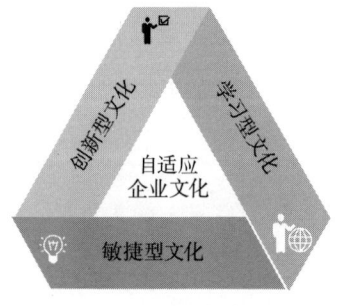

图3-7　自适应组织三大特征

创新型文化

创新型企业文化需要企业运用创新型的思维模式和行为方式,并对市场有高度的敏感性和迅速做出反应的能力。建议可以从以下三个方面在科技创新企业中建立起创新型文化:

(1) 观念创新:从顺应用户需求到主动引导用户需求

科技创新企业从上而下需要转化观念,从顺应用户需求到主动探索引导用户需求的可能性。产品推向市场的前期主要是为了满足用户产生的新痛点,需要功能更齐全、技术更先进的产品,企业可以顺应用户需求不断推出新一代科技创新产品;在后期,企业可以尝试先于用户需求而推出科技创新产品,通过市场传播手段,引导用户消费,让公众认可并接受新产品,化被动为主动,引导市场走向。

(2) 明确制度:创新激励

科技创新企业可以由领导者和管理层带头,将创新型文化通过建立企业内部各种激励创新的制度落实下来,这些制度包括在生产经营和企业管理活动中形成的与企业创新型文化相适应的规章、条例和组织结构等。从制度层面给全员一种创新的激励。

(3) 构建创新平台:给全员分享创新信息和资源的机会

科技创新企业可以通过线上、线下的途径构建创新平台,在制度的激励下进一步推动员工分享创新建议、信息和资源。

构建公司内部创新平台的方法包括：每周定期的公司创新沟通会——管理层直接与员工对话，沟通创新信息；线上创新论坛，用于搜集和沉淀员工对企业科技创新产品研发运营方面的所有创新建议。有实力的科技创新企业可以通过举办内部创新比赛，甚至搭建内部创新产品孵化器等手段，激发员工自主创造科技创新产品，将员工的创新建议落地成为实际的科技创新产品。

学习型文化

学习型文化能使科技创新企业提升整体运作的"群体智力"和持续的创新能力，不断地发现、纠错、成长，成为不断创造未来的组织，从而避免企业的"夭折"和"短寿"。建议从以下三个方面培养科技创新企业的学习型文化：

（1）弱化等级

与学习型企业文化相对的是等级权力管理型文化，讲究用制度和控制来提升整体运转效率。在市场瞬息万变、科技更迭加速的信息知识时代，这种管理模式越来越不能为企业注入能量并保持竞争力。两者本质的区别在于信息传输模式和合作分工模式的变更：工业时代的外部信息更多来自公司高层的业务拓展结果，再向下推动执行；而在市场经济时代，第一时间获取市场动向和用户反馈的往往是一线员工，再向上反馈。在合作模式上，流水线作业只需耕耘好自己的"一亩三分田"，而一款科技产品的研发和推广则需要产品、研发、运营、市场等部门横向协同配合，职责边界有重叠。在这一大背景下，需要更为扁平化的组织结构来保障更高效的信息沟通和内部决策，对市场的变化做出快速反应。

（2）下放权力

"消极是一种能力。"企业领导人有时候需要对"失控""乱"有一定的容忍度，而不是事必躬亲，积极地跳进去解决问题。下放权力，促使团队成员去思考如何应对问题，并为结果负责，才是领导者需要做出的决策。在这个过程中，团队成员会自行修正行为，更有效地学习成长。

另外，全体要参与决策。让团队参与对现状、问题、愿景、目标、实现的方法和路径的描述和思考碰撞，通过集体思考和分析，得出比个人思考更正确、更好的结论。而团队共同学习、共同思考、共同认知的过程，将有效地保证信息的充分沟通和理解，避免执行偏差。

（3）描绘清晰的愿景

指明一个方向，确定一个共同目标，将能凝聚公司上下的意志力。有了共识，大家努力的方向一致，个人也乐于奉献，为组织目标奋斗。

敏捷型文化

为了应对竞争日益激烈和充满不确定性的市场，很多企业已经走在敏捷转型的路上，包括电信、互联网、金融及零售业，科技创新企业也不例外。构建企业敏捷文化并不表示要完全放弃企业目前的工作方式。但在这个快速变化的时代中，持续改进已经成为必然。如果一家科技创新企业对现有的产品运作方式太执着，结果就是逐渐边缘化，直到被市场淘汰。建议从以下三个方面培养科技创新企业的敏捷型文化：

（1）微创新：一次只做一件事

同时提出多个产品创新不仅需要大量的人力和财力投入，更会降低产品迭代效率，推迟产品进入市场的时间。故建议在科技创新产品迭代的时候，一次只针对一个点进行创新，改善功能，然后迅速将迭代后的产品推向用户，以进一步搜集用户对产品的反馈。

（2）确保产品改进工作的合理性

科技创新企业需要给产品研发和销售团队制定一些富有挑战性的目标，促使其创造更多的成果，但是不能制定过高的不切合实际的目标。另外，团队需要全员紧密协作，而非仅靠其中的一两位英雄人物才能在截止日期前完成任务，在这种情况下团队不可能实现持续的改善。此外，还需要杜绝一些内耗：繁文缛节过多，为了汇报而填写大量表格，"文山会海"等无法创造企业价值的行为，都不利于科技创新企业形成敏捷型文化。

(3) 确保产品改善工作的流畅性

科技创新企业需要选择流畅性最强和阻碍最少的方式开展产品迭代创新，这需要企业持续发现更加便捷的产品设计研发流程、通用功能模板、有效的产品知识沉淀方式及足够透明的信息传递等。这些行动都能够有效确保产品改善工作的流畅性，使科技创新产品能够通过不断优化迭代以保持市场竞争力。

8 科技前沿创新产品案例分析

领域5：3D打印

【3D打印案例1】中国首台高通量集成化生物3D打印机研发成功[①]

2017年11月23日，来自杭州、北京、上海、广州等地的科学家团队在杭州下沙经济技术开发区举行的国家重点研发计划启动会上，捷诺飞发布了国内第一代高通量集成化生物3D打印机"Bio-architect X"。

据介绍，该科研成果属于"十三五"国家重点研发计划"面向活体器械的功能材料与高通量集成化生物3D打印技术开发"项目运行第一年的成果。项目首席科学家、牵头单位杭州捷诺飞生物科技股份有限公司董事长徐铭恩教授说，

---

① 中国首台高通量集成化生物3D打印机研发成功，中国工控网，2017年11月28日，http://www.gongkong.com/news/201711/372590.html。

"高通量集成化生物 3D 打印机"集纳了 50 余项技术创新和突破,其打印喷头可兼容多种打印原理并多通道协同,从而实现对医疗制品的大批量稳定制备。第一代高通量集成化生物 3D 打印机的成功研制,不但推进了 3D 打印医疗器械、人工组织器官的临床转化进程,也为新药筛选提供了全新的解决方案,将推动中国新药的创制与开发。

据了解,Bio-architect X 完成了 50 余项技术创新和突破,可以实现对医疗制品的大批量稳定制备。其中,关键技术"离散制造微层析成像技术"(MCT)的创新,从基础原理的提出到技术的实现,全部由项目组内的我国科学家和工程师完成。"从原理上来讲,这台生物 3D 打印机,可以打印所有的组织器官!"捷诺飞相关工作人员介绍说。据 MCT 技术发明者、杭州电子科技大学副教授王玲介绍,现有的 CT、激光共聚焦等成像技术受到物体体积、信号穿透深度、射线损伤等因素的制约。MCT 技术是在增材制造(3D 打印)的同时,基于微层析技术进行增材成像,理论上成像深度不受限,高分辨率、非接触、无细胞损伤,可在线实时反馈控制打印参数,实现对 3D 打印产品的无损质控。

国家重点研发计划由原国家重点基础研究发展计划("973"计划)、国家高技术研究发展计划("863"计划)等整合而成。2016 年,国家重点研发计划推出首个面向活细胞3D打印的重点专项。

人类的肝脏单元、血管、鼻子……只需点点鼠标,就可由3D打印机一一打出,而且打印出的细胞还是存活的。这可不是科幻电影里的情节,而是在下沙这家"黑科技"公司内真实发生的事。捷诺飞,是一家专业提供生物医学领域3D打印技术综合解决方案的国家高新技术企业。在这家公司,工作人员走进一间工作室,打开电脑,找出鼻软骨三维模型,轻轻按下启动键,一旁与电脑相连的打印机喷头就开始挤出含有细胞的水凝胶来。一层置于另一层之上,不到1小时,1个鼻软骨就被"打印"出来了。3D打印细胞组织是这家公司的"特长"。像是人类的肝脏单元、血管,打印出的细胞存活率达90%,最长存活时间为4个月。

【3D打印案例1分析】

目前,生物3D打印应用以药物筛选为主要产品方向,以器官移植为终极目标。我国国内大部分生物3D打印公司都处在初创阶段,需要大量资金投入到技术研发中。根据知名咨询机构麦肯锡预测,到2025年,3D打印及其周边产业经济效益可能高达5500亿美元,其中生物3D打印占15%,

折合约825亿美元。① 3D打印技术由于其成型快、个性化等特点,在生物医疗领域具有快速高效生产出高性价比产品的潜力,未来的市场前景广阔。

生物3D打印是医学、生命科学、材料学、信息技术、组织工程、制造学、临床试验等多学科交叉的产业。打印一个活体器官最主要的三个条件是细胞、支架和诱导。细胞直接装配技术,是指根据3D数据模型,将细胞或者细胞基质材料直接装配成所需要的结构,通过后续的培养,最终形成一个活的组织或者器官。细胞间接装配技术,是指先用生物材料建立一个细胞培养支架,再通过3D模型将细胞按照所需结构附着在支架的相应位置,再通过诱导使细胞成活以培养成为活的组织器官。

然而,目前产品制造面临下列技术壁垒:第一,器官本身结构非常复杂,并且一个器官细胞不止一种,如何实现让多种细胞复杂排列并能够保持生长性;第二,如何保证支架材料无毒并适应人体,从而让细胞正常生长;第三,如何诱发细胞生长,将打印器官激活并使之完全替代原有器官工作;第四,大量生物3D打印植入物属于第三类医疗器械,其安

---

① 3-D printing takes shape, McKinsey & Company, January 2014, https://www.mckinsey.com/business-functions/operations/our-insights/3-d-printing-takes-shape。

全性和有效性注册审批流程非常严格。目前产品在中国需要获国家食品药品监督管理总局的注册审批，假设从研发到试验一切顺利，产品面市整个流程也至少需要 6～7 年，而且针对含有细胞的生物打印制品，各国都还未出台相应的注册法规，故生物 3D 打印的产业化之路将会比较漫长。

  案例中的产品——高通量集成化生物 3D 打印机的成功研发，推动了生物器官 3D 打印领域对上述技术壁垒的攻关进程，该设备核心技术"离散制造微层析成像技术"（MCT）是生物打印技术层面上的突破。然而正如上述分析，该设备解决了基于活体细胞的打印制作技术层面的问题，对于所打印出的器官实现与人体在临床医学意义上的应用，以及顺利通过监管注册实现产品化，还有一段长路要走。

【科言漫语】01 3D 打印：打印器官

【3D 打印案例 2】奶酪也能 3D 打印了，口感竟与传统奶酪无异[①]

传统奶酪，想必很多人都拿来做过沙拉，或者把它作为红酒的不二搭配，不过，通过 3D 打印制作出来的奶酪，又是什么风味呢？2017 年 3 月 18 日，英国《每日邮报》报道称，一支来自爱尔兰的研究团队通过 3D 打印技术制作出了奶酪，并且口感与传统奶酪并没有很大的区别。令人意外的是，相比传统奶酪，3D 打印的奶酪口感更醇厚、细腻。

这支来自爱尔兰科克学院的食品与营养科学系的研究团队所进行的机具创新性的研究，给另外正在尝试其他 3D 打印材料的研究团队提供了很好的借鉴。据了解，这支团队的初衷是为了测试 3D 打印版奶酪的质地、弹性及可溶性，为此，他们做了一系列研究。

首先将打印材料通过高温融化成液体，使其能通过一条细管流出，这样也让材料具备了可塑性，即流出后能固化成一定的形状和结构。研究团队先将奶酪放在 75°C 的环境下使其融化，接着将融化后的液体放到一个改良版 3D 打印机中。在整个流程中，奶酪会受到 2 次强压，第一次是在加热时，当它从细管流出时，会受到第二次压力。对其进行强压的目

---

① 奶酪也能 3D 打印了，口感竟与传统奶酪无异，科技辣点事儿网易号，2017 年 3 月 29 日，http://dy.163.com/v2/article/detail/CGMHBCIG0511A8LE.html。

的是让奶酪的微观结构有所改变,从而使它的一些特性能发生变化。

研究团队进行制作后,将3D打印的奶酪和传统的、未经任何加工的混合奶酪进行了试验对比,发现前者柔软度比后者高45%~49%。此外,传统的、未经加工的混合奶酪在进行3D打印后,颜色会稍稍加深,并且在融化后,奶酪的质地会变得更加细腻、更富有黏性。在经过3D打印后,奶酪的蛋白质网络发生了变化,才使其发生了上述变化。

Alan Kelly作为科克学院的教授,也参与了实验。他坦言,并不是所有的传统奶酪都能达到最佳效果,他们也尝试过其他很多种类的奶酪,最终得出只有混合奶酪才能取得最佳效果的结论。目前,这支团队正着手试验其他乳制品,寻找更多适合3D打印的材料。

【3D打印案例2分析】

3D打印技术在若干年前已经被应用于食品行业,但是至今为止,用户对3D打印食物的看法褒贬不一,有的认为3D打印食物是噱头,有的认为创新市场具有非常广阔的价值。3D打印技术在食品行业的应用伴随着3D打印技术的创新从未停止脚步。国外知名市场研究公司Markets and Markets(M2M)在2017年发布了一份相关研究报告,预测到2025

年,食品3D打印市场的全球规模将达到4.25亿美元。[①]

影响用户对3D打印食物产品接受度的因素有哪些呢?国外有调查表明,用户对食品的观念、偏好和文化都会影响其3D打印食物的接受度。目前在3D打印食物种类上,用面团和酱汁为主要原料的披萨和从浆液凝结成固体的巧克力是比较成熟的两种产品。其他食用产品的开发因为3D打印食物的操作工艺受到限制。3D打印食物的基本原理是,柔软液态可食用原料从3D打印机喷嘴处挤出,按照计算机的指令堆叠或者组合在一起。同时,用3D打印的方式制作食物的速度会比正常人工制作更慢,因为原材料准备、设备调试、食物原料液体挤出及其冷凝固化等步骤需要花费更多的时间。并且与传统食物相比,3D打印食物的口味和质地会更加逊色,因为食物的口味和质地主要取决于食物复杂的化学成分,而3D打印机目前还不能完全复制所有的食物化学成分。因此,一项3D打印食物创新产品需要规避或克服上述技术壁垒。

案例中的3D打印奶酪在技术上能够较好地克服上述技术难点。首先,奶酪是基于液体状原材料制作成为固体食物;

[①] 3D Food Printing Market by Ingredient (Dough, Fruits and Vegetables, Proteins, Sauces, Dairy Products, Carbohydrates), Vertical (Government, Commercial, and Residential), and Geography – Global Forecast to 2025, Markets and Markets, 2017, https://www.marketsandmarkets.com/PressReleases/3d-food-printing.asp。

其次，奶酪的主要制作原料成分比较简单，3D打印制作工序与传统制作工序差别不大，因此制作时间可以赶上传统制作方法。同时，选择奶酪作为食物算是一种品类创新，因为目前3D打印的食物种类比较有限，只有巧克力、披萨和糖果等。综合分析，案例中的3D打印奶酪能够克服目前在3D打印食品领域产品创新的技术壁垒，较好地迎合消费者痛点，具有较好的应用前景。

【科言漫语】02 3D 打印：打印奶酪

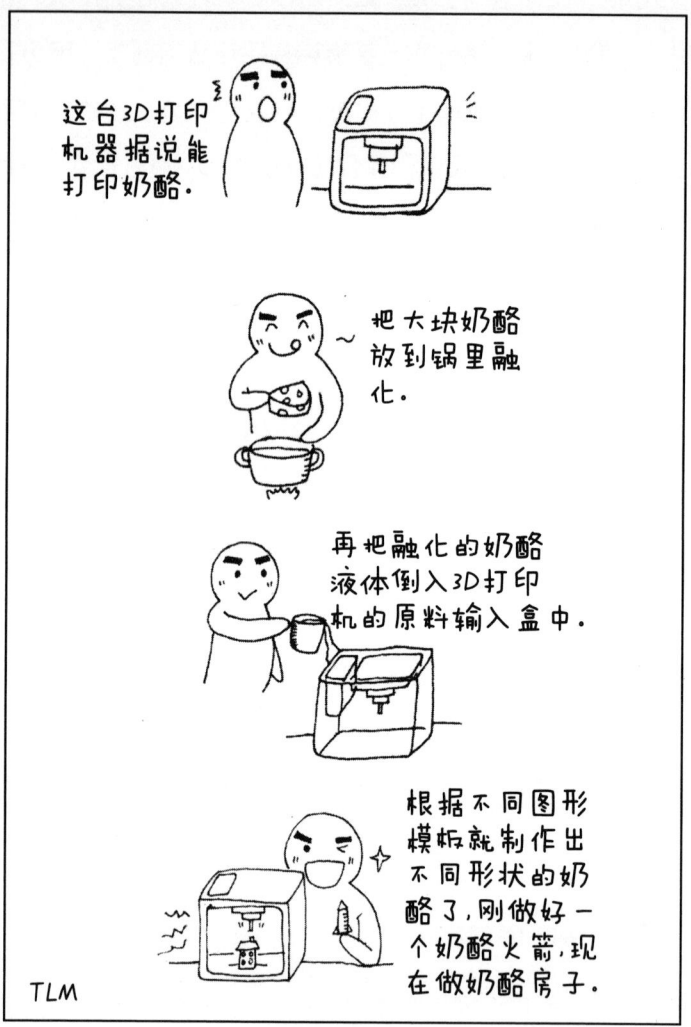

领域 6：物联网

【物联网案例 1】小米想靠 IoT 开发者计划来吸引更多的物联网设备[①]

小米在 2015 年初公布物联网（Internet of Things，IoT）战略并发布米家物联网平台，该平台现已接入了 400 家合作伙伴的 800 多种智能设备，联网设备数超过 8500 万台，就规模来说已做到了全球第一。但小米并不满足于此，于 2017 年 11 月 28 日发布了全新的 IoT 开发者计划（Works with Mijia），希望把自己日趋成熟的设备、AI 技术和 IoT 平台与大家分享。

具体来说，未来小米将为开发者提供多种智能硬件接入平台以及访问、控制小米 IoT 产品的方式。开放智能场景联动功能，并且会和开发者共享其"有品"零售电商渠道。除此之外，他们还会为合适的初创团队准备免费的开发板和启动基金。优秀的团队将得到投资和认证，产品会被小米长期支持，在渠道费用方面还会有优惠减免。

而在云端技术的部分，早在 2014 年便已上线的小米生态云未来会整合更多的大数据、AI 特性。在这方面他们选择

---

① 小米想靠 IoT 开发者计划来吸引更多的物联网设备，Engadget 中国版，2017 年 11 月 18 日，https://cn.engadget.com/2017/11/27/xiaomi‐iot‐open‐project/。

了百度作为自己的合作伙伴来进行优势互补,雷军认为"把朋友搞得多多的,把敌人搞得少少的"策略能够带来强强合作双赢的局面。另外,为了确保所有 IoT 业务、产品都能保障用户隐私,小米还成立了安全实验室,专门进行安全分析、测试、研究与持久跟踪。

目前,小米已经发布的物联网产品包括 Mi 机器人吸尘器、Mi 智能音箱、Mi 家用温度计、智能人体秤、家庭安全工具包等产品。大部分物联网产品都是在小米的"米家"众筹平台上生产的,如 Aqara 智能家用产品。小米公司生产的大部分智能家用物联网产品在中国境内独家销售,但大部分都可以通过第三方电子零售商如 Banggood、GearBest、Light In The Box 和其他几家公司在境外购买。

【物联网案例 1 分析】

物联网是互联网的外延。互联网则是通过电脑和移动终端等设备将人联网,形成一种新的人与人的连接方式;而物联网则是通过传感器、通信模组和智能芯片使物体联网。思科公司预测,到 2021 年,全球移动终端设备和连接数将达到 116 亿,其中包括 83 亿移动终端设备和 33 亿机器与机器连接。[①] 物联网市场广阔,据贝恩咨询公司预测,到 2020 年,

---

① 小米集团深度报告:物联网航母舰队起航,新零售战略成果初现,中信建投证券研究发展部,2017 年 5 月 15 日。

出售硬件、软件和综合解决方案的物联网服务供应商年收入可达4700亿美元，可用利润将达600亿美元。[①] 同时，贝恩咨询预测，云服务提供商、分析和基础设施软件供应商对物联网产品交易将产生重要影响。

从产业生态位置来看，物联网平台处于软件、硬件结合的枢纽位置，被称为物联网的"战略要塞"。物联网目前是一个碎片化的世界，物联网运作是基于人与物、物与物的连接及各类应用产品的开发。这些应用产品的开发门槛高，除软件开发的技术难度之外，围绕开发运行环境，还有许多客观存在的技术门槛和成本。最初，物联网的应用产品开发者都是端对端个体开发，但没有足够的资金、人员和资源很难完成应用的开发。另外，开发出的单个产品资源受限，产出很低，过高的成本使得产品经济效益不高。在这样的背景下，抓住物联网应用领域在安全性、可运营、可管理方面的共性需求，有实力的企业提供了一些赋能支持和标准化模块组件。随着云技术和平台服务的理念日益普及，可以用云服务的方式给物联网应用开发者提供平台，支撑开发者开发和运营物联网。

案例中，小米公司发布的物联网平台就是基于此目的而

---

① 贝恩咨询：B2B 物联网 2020 年将创造 3000 亿美元，工业物联网如何选择正确的平台？贝恩公司，2017 年 11 月 14 日。

开发的平台产品，小米将对全体系进行平台分享，其中包括开放接入、控制、智能场景、云＋AI＋数据和新零售渠道。截至2017年12月，小米已建成全球硬件设备连接数量最多的消费级IoT平台。截至2018年3月31日，小米IoT平台拥有超过1亿台互联设备（不包括智能手机与笔记本电脑）。目前小米已经形成了物联网时代"高黏性的用户群—全面的智能终端布局—消费者数据—云平台和人工智能"的物联网闭环布局。作为物联网时代的平台级企业，小米物联网平台的价值也会通过平台汇集的各类物联网应用和设备的价值而得到逐步放大。

第 3 章　科技创新爆款产品核心模块

【科言漫语】01 物联网：小米平台

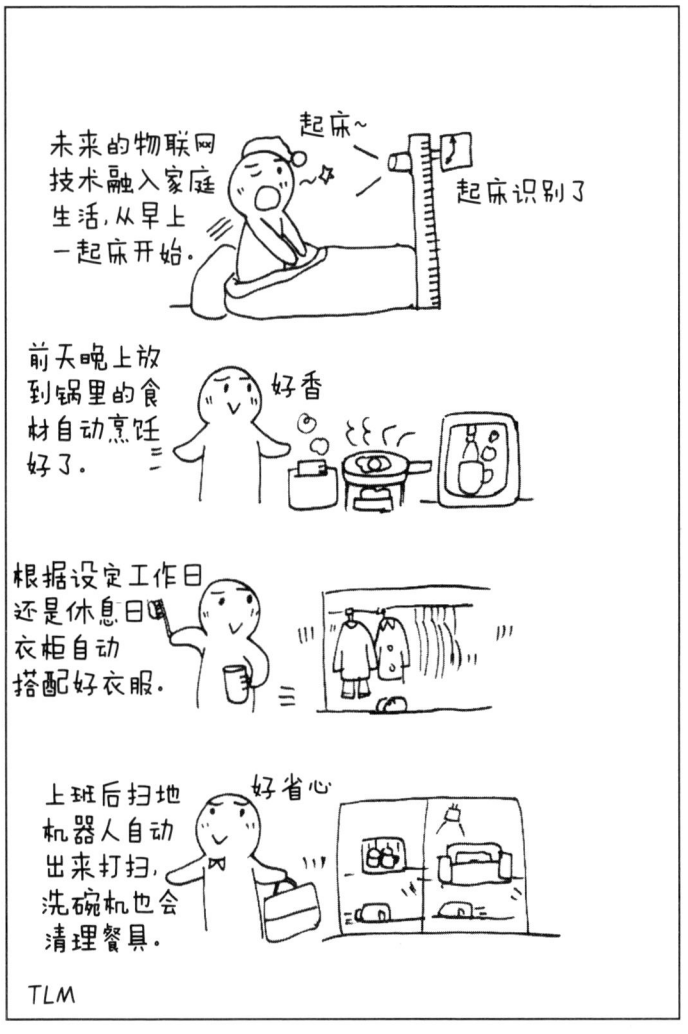

【物联网案例2】 Eyesight **公司的产品** Singlecure **二代让我们如同电影《少数派报告》一样操作家用电器**[①]

新科技不断发展，为我们的生活带来了很大的便利。但是你有没有想过，仅仅通过手指在空中滑动，就能控制家里的所有设备呢？Eyesight Technologies 的最新技术可能会实现你的愿望。

计算机视觉技术的应用越来越广泛，Eyesight Technologies 就是其中的"弄潮儿"之一。该公司发布了其最新研究的第二代 Singlecue 手势识别技术。使用 Singlecue Gen 2 辅以一些手势，如挥一挥手、捏一捏手指或者前后推一推手掌，你就可以控制家中的各种物品了，包括电视、恒温器、音响设备、照明设备和流媒体设备。Eyesight Technologies 在拉斯维加斯举办的 CES 2017 大型技术博览会上发布了该项技术。

第二代的 Singlecue Gen 采用的手势操作技术使人们可以在任何时候控制设备的核心功能。每个新的手势都采用了手指或手掌的自然、简单的移动，从而激活不同的功能。

Eyesight Technologies 的首席执行官 Gideon Shmuel 在一份声明中说，通过将这些新的手势添加到 Singlecue Gen 2 中，

[①] Eyesight takes us closer to our "Minority Report" future with its second–gen Singlecue，Digitalltrend，2017 年 1 月 3 日，https：//www.digitaltrends.com/computing/eyesight–second–generation–singlecue/。

可以增强用户和家庭设备之间的即时互动体验。随着不断丰富的产品优势，希望手势控制在未来可以成为人与家庭设备互动的标准，并且成为每个人生活方式的关键组成部分。现在你可以挥动手指来开启或关闭某个设备，也可以通过开合手掌来播放和暂停某个视频，还可以通过手指从左到右滑动来控制音量。

在CES展览会上，Eyesight Technologies为大众展示了一个应用在汽车上的解决方案，目的是提高驾驶员的驾驶体验。该技术采用了面部和眼球跟踪技术来监测驾驶员的注意力，并且结合监测结果和驾驶员的偏好以及需要来对车内的环境进行调整。

Eyesight Technologies也将展示其在虚拟现实中的应用。计算机视觉技术通过VR设备和AR（增强现实）眼镜中无触摸的理念来实现对事物自然和直观的控制，使得虚拟内容的交互得到了一次革新。通过手或手指在空中简单地移动，用户无须使用控制器或者按钮等外力就能与虚拟场景进行交互。

【物联网案例2分析】

智能家居是物联网应用中针对用户的应用场景。通常来说，家庭娱乐和家庭安防等一切围绕家这一平台而搭建的生态系统均属于智能家居的范畴。物联网仅仅是解决了智能家居中设备联网的问题，而智能家居与生活的密切程度决定了设备是否能够为用户提供足够智能及简便的交互场景体验。此外,大数据、人工智能等技术的发展也是决定智能家居能否快速发展的重要因素。

有报告统计,全球智能家居市场规模2015年达485亿美元,并仍然保持着每年约80亿美元的增速,预计2018年市场规模将达到710亿美元。[①] 此外,有券商分析,中国国内智能家居市场规模到2020年可达1.12万亿元。[②] 智能家居市场规模前景广阔。

从用户的角度出发,案例中的产品通过技术创新设备,为用户体验智能家居生活提供切入口,该产品的优势有以下几点:首先,作为家居智能控制中枢,该产品是一个与其他设备可以互联互通的开放系统;其次,该产品具备良好的交互性,其中语音交互是必备功能;最后,产品背后拥有海量内容与丰富多样的服务。用户采购一个物联网中枢设备,就能灵敏地控制整个起居的电子设备,有效节约用户的成本,并提升用户的使用效率。

---

① 智能家居行业发展前景分析,硬件渗透率将快速提升. 物联网资讯,2018年4月4日, http://t.cj.sina.com.cn/articles/view/3965601723/ec5e47bb0200068w1。

② 智能家居市场规模巨大,但前路漫漫. 中华建材网,2018年5月28日, http://stock.10jqka.com.cn/20180528/c604710649.shtml。

第3章 科技创新爆款产品核心模块

【科言漫语】02 物联网：操作家用

第4章

科技创新爆款产品制造组织组建的三大秘籍

1 科技创新企业组织的四大基本特征
——扁平化、跨部门协同、敏捷创新及信息透明

企业的核心是团队,要打造一款科技创新爆款产品,离不开企业组织的力量,为了更好地应对日益激烈的市场竞争和用户多样化的需求,科技创新企业组织需要具备四个基本特征:扁平化、跨部门协同、敏捷创新及信息透明。

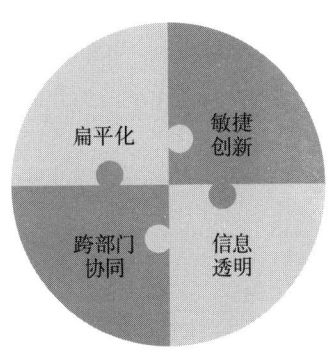

图4-1 科技创新爆款产品的组织特征

扁平化

扁平化组织是指在从上而下的科层制组织结构基础上，以信息为中心，实现横向一体化。即减少中间管理层级数，最大限度地缩小决策层及运作层的距离，压缩职能机构，拓宽组织管理幅度和扩大组织管理跨度，通过权力下放，充分调动各层级管理人员、作业人员的积极性、主动性和创造性，降低企业内部信息沟通成本，为使企业上下级之间、各部门之间及其与外界环境之间的信息交流变得方便快捷而建立起来的一种紧凑、高效而富有弹性的企业组织。

科技创新产品企业要设计扁平化组织，可以参考下列设计原则：

（1）动态性原则。组织结构的扁平化要始终以适应企业的经营战略为要求，并且要随着企业战略的需要而进行调整，从而为实现企业的战略目标服务。企业组织要积极主动地寻求内部发展与外部市场适应，同时要有效地调动企业资源，实现资源效用最大化，及时准确地下达决策，实现组织弹性化创新调整。

（2）效益性原则。科技创新企业实行组织扁平化是为了提高组织生产和运营产品的效率，提升企业的利润。企业组织结构扁平化是为了使企业不断增强竞争实力，实现其产品销量和企业利润最大化。

（3）关联性原则。企业组织结构设置涉及企业的方方面面，在设计过程中，一方面需要根据人的思维方式、行为习惯、性格特征和精神追求等要素，体现企业的人文关怀和对员工的理解和尊重，才能调动人员的主动性和创造性；另一方面，企业扁平化组织结构的设置涉及企业的战略目标、组织制度和网络信息应用等。无论是对员工个体还是对组织群体，这些内部、外部条件具备后，扁平化组织结构才能有效搭建起来。

互联网时代的科技创新公司要贴近用户痛点，企业需要缩短与用户的距离，与用户融合在一起。小米科技公司从创立起就是组织扁平化和管理简化的推行者。小米的公司组织架构基本上是三级：核心创始人—部门领导—员工。团队不会过大，一旦团队达到一定规模就拆分成项目制管理团队。从小米的办公布局可以看到扁平化的组织机构：产品、营销、硬件、电商各占一层，每一层由一位创始人管理，能一竿子插到底地执行命令。小米内部的组织完全是激活的，一切围绕市场和客户价值，基于项目进行自动协同，然后承担各自的任务和职责。在小米公司，除了7位创始人，其他员工的职位都是工程师，晋升的唯一奖励是涨薪，不需要员工考虑太多，一心专注在工作上。据雷军介绍，除了每周一的例会，小米很少开会，公司成立前三年，合伙人只开过三次集体大会。这样的管理制度减少了层级之间互相汇报浪费的时间，也让公司高效产出和转化。

2012年"8·15"电商大战，活动策划、设计、开发、供应链仅用了不到24小时，但是"8·15"上线后活动微博转发量近10万次，活动期间小米手机销售量达到近20万台。

跨部门协同

科技创新企业不同部门之间的协同效应是企业的一个优势，在协同中形成的制度和行为习惯等可以成为企业文化的一部分，也会成为其他竞争企业无法复制的壁垒。鼓励跨部门协同，企业能更有效地利用资源，降低经营成本；积极有效地应对外部环境，因为产品用户需求、问题和机会在外部市场环境中不断变化，产品主持部门在跨部门协同中可以获得其他部门的资源和能力支持，有利于综合考虑客户需求、问题和机会，采取有效的应对措施。最后，协同过程是一个知识传播、共享、交互和沉淀的过程，在不断地相互协同磨合中，部门之间存在知识能力重合区，有助于培养综合性人才。

科技创新企业要建立起高效跨部门协同机制，可以参考以下原则：

（1）利益、权责分清。一方面，企业管理者需要分析各部门的利益诉求点，因为分工不同，各部门在协同的工作中会比较注意参与该工作是否对自己"有利"，不管是物质上还是精神层面上的利益。组建协同小组，了解各部门的利益诉求，是跨部门协同合作的起点。另一方面，企业管理者也要划分不同部门的权责归属，以免引起不同部门之间的权责归属不清，进而阻碍跨部门协同的推进。

（2）建设定期会面沟通机制。要加强各部门之间的接触机会，建立起定期沟通机制，这种沟通方式既可以是公司内部的定期沟通会，也可以是在公司外部的团建活动等。让协同的各部门在工作内外都对彼此有所了解，增加不同部门之间的默契，提升协同效率。

（3）每次讨论多个合作方案及多个合作规则。在就具体工作讨论初期，发起跨部门协作的管理层要鼓励协作的各部门提出不同的跨部门合作方案和合作规则，供所有项目组选择和讨论。最后，随着工作的推进，各部门通过分析和实践找到有利于多方的共识。

为了加强组织内部沟通，Airbnb公司打造跨部门团队DesignOps（Design Operations），这是提高公司产品设计沟通转化效率的一种跨部门组织管理方式。具体方法是需求项目管控专门由一位设计经理负责，交互、视觉、招聘各自由独立人员执行，这样做视觉设计输出的人可以更加专注，而节约了沟通需求所花费的时间。DesignOps部门是一群设计师、研究人员和内容策划人员集合在一起的多功能团队，DesignOps部门具有下列职能：管理设计项目，推动运营战略；构建设计工具，以增强和扩大设计师及对接部门；确保

Airbnb 的语音真正国际化和本土化；确保公司设计在产品和营销计划中以最高的质量执行；团队协调，保持士气，领导做出理智决策。DesignOps 部门的任务就是利用集中的工具、系统和服务，为整个产品组织提升敏捷性，提高工作速度，优化执行效果。

信息透明

透明化管理是指在企业管理中，对产品研发及运营相关信息实行公开化、透明化管理的过程。从企业内部组织结构来看，透明化管理能够让员工了解企业产品运营发展的全过程，使员工真正从单纯的劳动力工作者转变成为企业经营管理的参与者。透明化管理对各种内部信息实行透明化和公开化，能够有效避免具有信息优势的一方将利益据为己有，对于整合企业的各种资源、实现资源的优化配置、提高企业资源的利用率有重要作用。

科技创新产品企业推行透明化管理，可以从以下列三个方面着手：

（1）建设企业的经营管理信息系统及交流平台。企业在运营管理过程中，管理者需确保信息的公开化和透明化，在保证机密信息不被泄露的前提下，可充分给予员工知情权。企业可以通过多种渠道，如沟通会、企业信息报及线上线下信息沟通及沉淀平台，及时向员工公布项目的各项信息，让员工充分了解企业的发展状态和发展方向。

（2）优化企业的人力资源管理体制。企业在实际经营管理过程中，通过内部的绩效考核制度和晋升通道等，激发员工的工作积极性。对企业的薪酬级别、考核过程与成绩、晋升奖励等实施透明化管理，让员工明确自身工作能力，也了解工作能力与个人利益之间的联系，从而使员工能通过自我学习、能力提升等正确途径，增强竞争力，以获取更多的利益，为企业做出更多的贡献。

（3）加大企业运营管理体系的执行力度。管理体系的有效执行，可以增强企业的管理效率，例如，客户关系（CRM）管理系统、企业资源计划（ERP）管理系统等。企业通过透明化的管理模式，可以加大企业的管理执行力度，从而提高企业自身的管理水平。

美国初创互联网社交平台公司Buffer就采用了透明化管理的制度，公司通过内部网站向全员公布了公司财务状况、客户付款使用情况、内部各项指标衡量标准、公司结构调整信息、员工权益，甚至由员工自愿公布个人薪酬情况。在推广透明化管理之后，公司团队意识到公司各层面发生的问题，让每个人都可以提出有意义的想法；同时，员工也明确了自己、同事和公司的定位，不会产生那么多的不确定性，落实公司使命就会更加容易。最主要的是，透明化能够提高沟通的效率，因为一些产品、目标和市场反馈信息在人和人之间不存在信息不对称，更有利于公司各部门之间达成默契，促进员工劳动高效转化成为成果，输出到市场中。

敏捷创新

敏捷创新通常是以将愿景尽快转化为现实的产品为目标，而不是产生大量的计划和表格，让员工去解释、证实这些表格，顺从外部的权威。敏捷创新在外界环境和内部能力的共同驱动下，通过组织创新、过程创新和产品创新的有机结合，快速灵敏地响应外部市场环境的变化，不断提高服务质量和效率，为用户创造新的价值，最终形成科技创新企业的持续竞争优势。

科技创新产品企业可以基以下三个原则推动企业敏捷创新：

（1）公司管理层为了加速产品研发生产周期愿意承担一些风险。在风险可控范围内进行多次试错是敏捷创新能够实现的基本保证，而公司管理层需要通过制度或创造条件，鼓励员工在成本可控的范围内提出自己对产品的想法，并去实践试错。试错产生的投入由公司承担，以实际行为鼓励员工积极思考和试错。

（2）通过小型产品团队和短会实现敏捷创新，而不是全公司的大型项目组或传统的马拉松式会议。参与沟通会议的人数如果过多,并且每次会议都需要讨论多个产品细节,会议就会变成马拉松一样的拉锯战,不利于有效沟通和团队协作。

(3) 及时通过回顾、反思、分析和反馈进行不断提升,并对持续提升保持开放的心态。公司定期召开复盘会议,及时总结开放信息和调整项目推进策略,让员工及时吸收各方面的信息和沉淀经验,使项目团队能力持续得到提升。

谷歌风投团队总结出了一套称为"设计冲刺"(Design Sprint)的产品设计创新方法,利用短短6天时间准备、思考、决策、验证方案,快速完成产品原型和产品迭代。相比于迭代效率低下、缺乏验证的传统设计流程,更能显著降低产品开发的潜在风险。设计冲刺核心工作流程分为6个阶段,每一个阶段都是环环相扣的,完成其中一个阶段则进入到下一个阶段。这6个阶段为:①理解项目背景、用户需求、业务需求、现存问题等;②定义好要达到的目标,包括产品目标和设计目标;③发散思维、集思广益、尽可能想出多样化的解决方案;④共同协商决定其中最好的一种方案;⑤把方案通过产品原型具体表现出来,或已经开发出演示Demo;⑥找到利益相关者或相关用户进行验证。谷歌发明的方法能够快速找到潜在或者真实的用户验证原型,从中发现方案的不足,加以修改,形成最终的解决方案,并投入开发。谷歌公司已经将该方法运用于多个相关产品,均取得了良好的效果。

2　组建秘籍之一：打破筒状深井结构

——构建赋能型科技创新企业组织

最近几十年的技术变化，催生出一个更加相互依赖、变化创新速度更快的世界，这意味着尽管企业的追踪和预测能力增长了，但世界在许多方面变得更加不可预测。过去的组织结构自上而下部门层级清晰，然而不同部门之间的分隔界限明显，部门和部门之间缺乏信息沟通和资源共享，就如同不同部门分别处于不同的筒状深井中，彼此隔着厚厚的井壁而看不到对方（如图4-2所示）。即使是同一个产品项目组的协同部门依然如此，部门之间需要将各自的决策和成果层层上报，直到最高层，然后由最高层进行信息资源交换，再层层输送到不同部门的最前线人员。这样的信息资源对接方式导致协同组之间沟通效率低下，沟通周期过长；同时，在沟通的过程中的信息丢失会造成彼此之间的信息不对称和不统一的情况，影响到部门之间协同的默契和效率，导致产品研发生产缓慢，推向市场的时机被延误，进而导致企业在竞争中处于不利的位置。

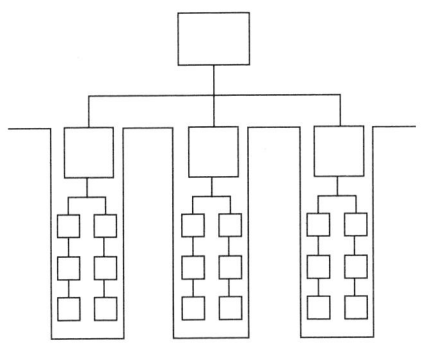

图 4-2　筒状深井组织结构

筒状深井结构组织已经不适用于商业市场现状，代表着创新前沿的科技创新企业更是如此。在企业中，各部门前线员工缺乏有效沟通和协作，会延缓决策过程。虽然一线执行人员能够在较短时间内联系到管理者，但是管理者却要十分"严谨"地对待决策，因为他们要为这些决策负责。所以决策不可能立刻做出，结果就是让整个产品组陷入停滞不前的状态。如果科技创新企业已经组建了一支非常优秀的产品研发制造团队，但管理层仍然要求成员的每个决定都要经过领导的批准，企业就会因为失去推出领先产品的机会而逐渐丧失市场竞争力，最终会被市场淘汰。

科技创新企业经过对创新团队进行赋能，最终将筒状深井结构组织升级成为自主创新团队组织，该组织的特征是每一个团队都是自主创新的发展,成员之间对产品信息高度分享,每个成员对自己的定位和角色描绘非常清晰,能够迅速应对企业外部环境的变化并且做出响应。在一个企业内,由小团队组成了大团队,不会因为部门职能不同而产生隔阂或阻断信息。

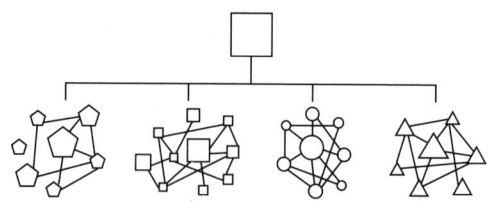

图4-3 赋能型产品团队组织结构

如何构打造一支赋能型的科技创新企业产品团队?笔者为读者分享几个为产品团队赋能的管理经验。

经验1:设计一支高效的产品团队,目标一致而行动迅速

企业通常可以借助一些常见的管理工具来简化团队建设。首先明确团队成员的优势和劣势、对工作的喜好、处理问题的方式、基本价值观差异等。然后通过这些分析,在团队成员之间形成共同的信念和一致的目标,以建立团队运行的游戏规则。每一个团队都有其优势和弱点,通过分析团队所处环境来评估团队的综合能力,找出团队目前的差距,这样团队才能发挥优势、回避劣势、提高迎接挑战的能力。为了激发团队成员的激情,应树立阶段性目标,使团队对任务目标看得见、摸得着。在合适的时机采取合适的行动是团队成功的关键。团队内部各个成员之间也应有明确的岗位职责描述，以建立团队成员的工作标准。对于这个问题，很多企业都容易忽视，这可能也是导致团队运行效率低下的原因之一。团队要高效运作，必须要让团队成员清楚地知道为什么要加入这个团队，这个团队成功与失败给他们带来的正面和负面影响是什么，以增强团队成员的责任感和使命感。即我们常常讲的将激励机制引入团队建设，可以是团队荣誉、薪酬或福利的增加，以及职位的晋升等手段。

经验2：为员工提供学习和深造的机会

只有懂得不断充实自我的学习型团队，才能在发展的社会创造出更多的"奇迹"。从学习的作用来讲，传统型营销团队的学习意识不强，他们多满足于固有的知识和经验，不太自觉吸取新知识，也不积极开展横向学习。而在学习型营销团队里，成员无论是从机制上还是观念上都充满了强烈的再学习意识，善于在实践中将理论和实际相结合，善于发现他人优点，加以吸收。面对这样的员工，企业领导要善于创造学习的机会并组织学习。一个学习型组织的理论、工具和方法就是分出三个领域，这三个领域是对核心能力的支持。把它形容为一个三条腿的凳子，三条腿都非常重要，如果拿掉一条腿，凳子就会倒。左边那条腿叫作热望、欲望，右边的是心智模式和团队学习,中间就是系统思考。总体来说,团体的智慧总是高于个人的智慧。学习不仅让团队产生出色的效果,其成员的成长速度也比用其他的方式更快。

经验3:积极听取团队成员的见解

在团队里,也许我们并不需要每个成员都异常聪明,但需要每个人都具有强烈的责任心和事业心,对团队精心制定的战略要在理解、把握、吃透的基础上把战术不折不扣地贯彻下去,对每一个细节都要落到实处。要保证团队的执行力,关键是明确细分的目标和目前的工作阶段。创造员工之间、员工与管理层之间的沟通机会,让员工开诚布公地提出自己的见解,用全员有效参与的方式更高效地推动产品运作进程。

经验4:需要领导对团队成员灵活授权

随着团队的建设和发展,领导要通过授权让团队成员分担责任,使成员更多地参与项目的决策过程,允许个人或小组以自己更灵活的方式开展工作。

首先,灵活地授权显示了领导对团队成员的信任,也给团队成员学习与成长的空间。这种信任可以奠定团队信任的基础,也是团队精神的体现。其次,授权有利于充分发挥团队成员的积极性和创造性。每个人都有实现自我价值的愿望。富于挑战性的任务,使他们不断地拓展自己的知识技能,发掘创造潜力。每一项工作的成功,不仅是领导管理的成功,更是所有实现自我价值的团队成员的成功。最后，灵活授权有利于及时决策。一方面，团队成员在自己的授权范围内可根据内外部环境的变化及时决策；另一方面，通过灵活的授权，领导逐渐将工作重点转向关键点控制、目标控制和过程监控。领导的工作重心由内转向外，从外部保障项目团队的运作。

经验5：通过综合性的培训提高员工创新能力

只有不断地创新才能保持企业竞争优势，但是创新能力从哪里来呢？做教育培训是提高团队创新能力的重要手段。尤其在知识经济时代，在科技含量高的行业企业，这一点体现得更为明显。其实创新能力也体现在企业管理的各个方面，是一个综合性概念，也只有综合性的创新能力，才是真正的有竞争优势的创新能力。人才培养不只是重视知识技能方面，还要考虑品德、情感、志趣等精神层面的东西，考虑企业文化、考虑人才队伍的凝聚力和团队精神，这是只有企业综合性的教育培训才能做到的。谁在这方面把握得好、做得好，谁就能在竞争中保持长久的创新优势，并最终在竞争中打败对手。

经验6：精心设计团队分工与合作，充分发挥不同成员的优势

企业的发展随其进化演变规律呈现出波浪式的起伏，其主动力源于内部循环供给能量。也就是说，团队领导人拥有教练、发动团体的能力；管理层拥有教练、发动部属的能力；员工拥有教练、发动自我的能力，最终形成上、中、下协调平衡、整体互动的运动态势。但各个阶层也要能对其他部门熟悉、了解，并能在工作中相互配合，否则制定的战略、战术只能是孤芳自赏，根本无法让其他部门实施运作。

经验7：需要提升领导自身的创新才能及对试错产生的风险和责任的承受能力

首先，领导必须以身作则，对团队成员起榜样和示范作用；其次，明确具体的工作质量、范围、工期、成本等目标约束；再次，明确各团队成员的角色和责任分工，充分发挥团队成员各自的作用；最后，领导必须充分信任团队成员的能动性，在可控范围内积极激发员工的创新力，与员工共同承担因创新而产生的风险或责任，为员工的创新保驾护航。

经验8：需要充分发挥领导的沟通和协调作用

领导要更高效地扮演好沟通协调者的角色。首先，团队成员之间的沟通和协调。成员之间由于价值观、性格、处世方法等方面的差异而产生各种冲突,人际关系陷入紧张局面,甚至出现敌视、强烈情绪以及向领导者挑衅等各种情形。领导要进行充分沟通,引导团队成员调整心态和准确定位,把个人目标与工作目标结合起来。其次,团队成员与工作环境之间的沟通和协调。团队成员与周围环境之间也会产生不和谐,如与技术系统之间的不协调、对团队采用的信息技术系统不熟悉等。领导要帮助团队成员熟悉工作环境,学习并掌握相关的技术,以利于项目的及时完成。最后,团队与其他部门之间的沟通和协调。在工作过程中,团队与其他部门各关系人之间,也会产生各种各样的矛盾冲突,这需要领导进行很好的沟通协调,为团队争取更充足的资源与更好的环境。

3　组建秘籍之二：基于项目的积木式创新
——提升组织协同敏捷性和价值转化效率

未来的市场竞争的不稳定性要求科技创新企业对市场做出的响应需要更加敏捷。同时，市场的不确定性意味着企业需要收集更加系统、全面的信息；复杂性要求企业进行组织重构；而模糊性则需要企业带着开放的心态，对可能的机会进行试验求证。在这种情况下，笔者建议科技创新企业在内部采用"积木式创新"模式提升产品研发制造团队的组织协同敏捷性和产出价值效率。

"积木式创新"是指在创新过程中，企业不同部门功能要素之间的组合，即模块化。科技创新企业找到自身产品的长处和核心技术优势，然后像搭建积木一样，把其他部门的优势整合起来，使项目团队可服务于多元的场景和多变的需求，组织也变得更为灵活、敏捷，成为积木型的组织。积木型组织能够打开企业内部各业务环节之间的强耦合关系，使之成为一个个可拆分、可配置、可组装的插件。

积木式创新的优势

为什么提倡企业组织内部的积木式创新？因为积木式创新具有三个优势：

（1）积木式创新组织能够汇聚真正懂得市场和用户的管理者和人才。组织带头人专注于找到企业产品在技术或其他方面的核心竞争优势，并将其在创新产品中发挥到极致，利用这个优势产品进一步撬动整个市场。

（2）积木式创新使组织拥有产品或服务的最长板。积木式创新组织能够利用最先进的科技打造自己的产品或服务的最长板，然后与其他长板合作，包括设计、外包生产、外包渠道、合作营销等，迅速达到用户所需要的各项功能，并拥有竞争优势。

（3）让企业具备打快仗的实力。积木式创新组织非常灵活，能够迅速根据市场和用户需求调整产品并做出反馈，将迭代后的新产品快速推向市场。只有这样才能领先于其他竞争者，也才能实现效益最大化。一些技术创新企业甚至会采用"开源"的方式，吸引用户主动参与到产品的功能迭代中来，这样能够使用户享受更多自主权，也能够让用户的真正需求在新产品中体现出来。

如何实施积木式创新

科技创新企业在组织内部可以采用积木式创新改善企业与市场用户的沟通、企业内部产品相关部门的协同和项目推进统筹管理,具体操作方式如下:

(1)用积木式创新改善企业与用户沟通,高效获取市场用户对产品反馈。

在企业与市场客户传统的沟通和反馈方式中,一方面,企业通常设置客户服务中心,由客户服务中心接受用户的反馈,并转接到相关的部门由专人解答;另一方面,虽然共同推进一款产品,但每个部门基于自身需要会以不同的目的开展调研,然后对调研的数据和结果进行整理分析之后再反馈给其他相关部门。这样的沟通方式容易造成沟通环节信息不对称,并且由于各部门缺乏沟通,容易造成重复调研或调研不充分的情况。此外,所有的信息都由公司负责人把控,会造成负责人的工作负担,降低反馈效率,影响产品创新进度。用积木式创新改造后的组织,将各部门相关成员及公司负责人抽调组成产品专项工作组,工作组负责对接客户,统一收集用户对产品的新需求和各类反馈,消除信息在不同部门之间的不对称,也能减少公司负责人工作负担,加快反馈效率。项目组遇到需要其他部门协同的问题时,可以寻求他们的支持与帮助,这样公司内部负责对接的端口也只有一个,更有利于组织内部的高效沟通。

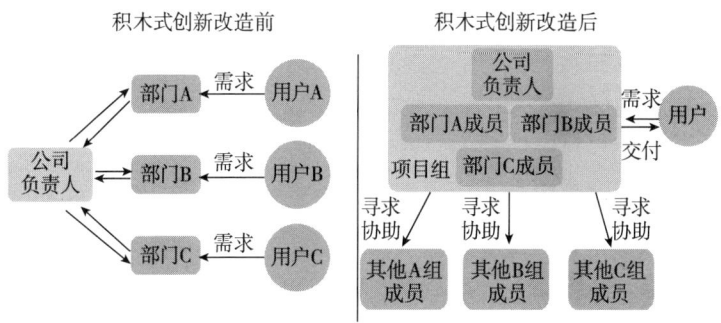

图 4-4 用积木式创新改善企业与市场用户沟通及获取反馈

（2）用积木式创新改善企业产品项目组内协作，实现产品迅速产出。

企业常会设置一个独立部门应对用户不断变化的需求和反馈，该部门也负责组织其他相关部门及公司负责人完成协作。但这样做会造成下列风险：首先，部门 A（如图 4-5 所示）搜集用户新需求之后有时间加工整理，传递给其他部门的时候，其他部门却没有太多时间去整理反馈，造成协同反馈效果不佳；其次，在传递过程中不可避免出现信息损失，或者各部门基于自身背景和不同目标，对部门 A 传递的信息理解和反馈出现偏差，而部门 A 需要将不同部门的反馈偏差统一输出给用户，加重了部门 A 的任务并推迟了给用户做出反馈或产品创新的时间；最后，这样设置会对部门 A 沟通和信息整理要求很高，如果各部门的协同出现了问题，各部门可能都会追责部门A，也让部门A的沟通积极性和效率会降低。积木式创新后将多个部门沟通节点整合成为一个项目组，由小沟通节点变成了大沟通节点，公司内部信息沟通只有一个节点，项目组内各部门成员分工和权责都明确，同时避免了因为任务不明确造成的配合效率低的问题，并且为负责该项目的成员节约寻求配合的沟通成本，提高产品创新迭代的效率。

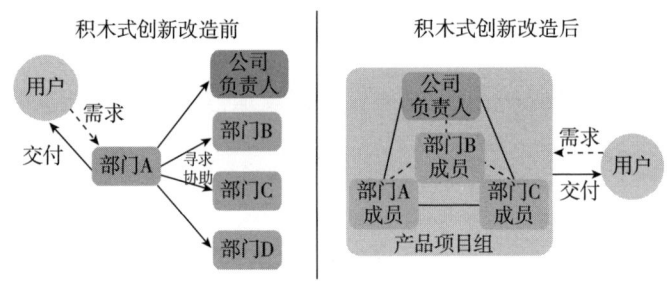

图4-5　用积木式创新改善企业内部协作

（3）用积木式创新统筹产品研发迭代项目进程管理，确保产品创新有序推进。

在没有组建项目组的团队中，各部门因为自身的经验和子目标不一致，对同一个工作任务的理解可能有不同，因此提出的反馈给用户的时间会出现不一致的情况。在这种情况中，负责人基于公司运作希望反馈时间尽量短，而其他各部门没有事前对反馈时间达成统一，可能会导致项目最后没有明确的推进计划，产品创新推进缓慢。积木式创新模式形成了一个统一的项目组，该组织会形成一份清晰明确的项目推进计划，并且根据具体落地过程中出现的变化迅速调整工作时间节点，便于在项目组内安排专人负责协调沟通工作，确保项目按计划实施，整体提升项目统筹管理的效率。

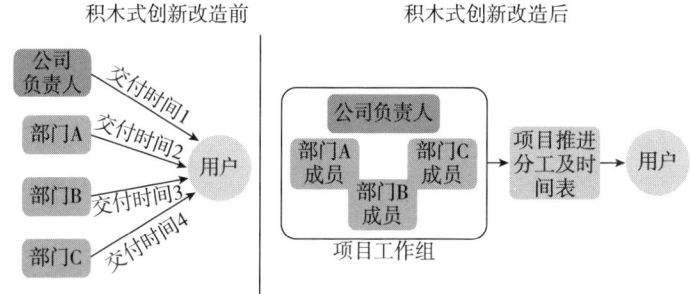

图4-6 用积木式创新改善项目统筹管理

积木式创新效果保障

科技创新企业要想利用好积木式创新，真正发挥积木式创新对项目组的正向促进作用，需要考虑三个关键性问题：

（1）团队必须能够"责、权、利"相结合。团队能够通过授予明确的职责实现闭环，让其有清晰独立的考核指标。同时，企业一定要给予业务团队足够的授权。此外，团队成员的利益界定与价值创造直接挂钩。"责、权、利"相结合，能确保项目团队的领军人物和核心成员拥有主人心态，从而更加积极主动、更加进取、更加节约成本。

（2）企业平台开发积木的部门要有三个实际能力。首先，产品相关项目团队的专业能力一定要非常强；其次，要深度了解产品市场用户的真实需求；最后，需要对市场用户的产品反馈迅速搜集、归纳、整理和转化反馈。

（3）企业需要保持持续的组织活力。企业要利用有效方式激发各个团队的拼搏精神和企业家精神。在积木式创新项目组中，创新的关键在技术研发和业务团队，他们可以及时看到技术发展和创新趋势、市场的变化趋势与用户痛点。积木式创新项目组可以降低试错的成本，借助平台优势，通过产品化和模块化的快速资源重组，实现产品快速迭代和市场扩张。

4 组建秘籍之三：项目推进管控创新
——用 OKR 打造扁平化沟通组织

随着科技的飞速发展，商业世界的不确定性加剧。适用于快速扩张型组织以及转型期组织绩效的管理框架"目标与关键成果法"（Objectives and Key Results，OKR）日益得到企业重视。OKR 的目标是让企业在当今激烈竞争的商业环境中，通过识别出生产目标和关键生产结果，并频繁更新，提升企业行动的敏捷性，从而最终提升企业的经营业绩。

OKR 定义及发展背景

OKR 是基于目标和关键性成果而设定的一种企业员工绩效管控战略方法，目的在于确保员工的沟通和协同效率，减少沟通成本，将有限的精力投入到促进企业产品及运营的可衡量绩效指标上来。OKR 由目标和关键性成果组成：目标是对企业或部门期望的一种定性简洁描述，目标是有时间限制并鼓舞人心的；关键性结果是一种定量描述，用于衡量目标达成情况,关键性结果需要客观并量化。

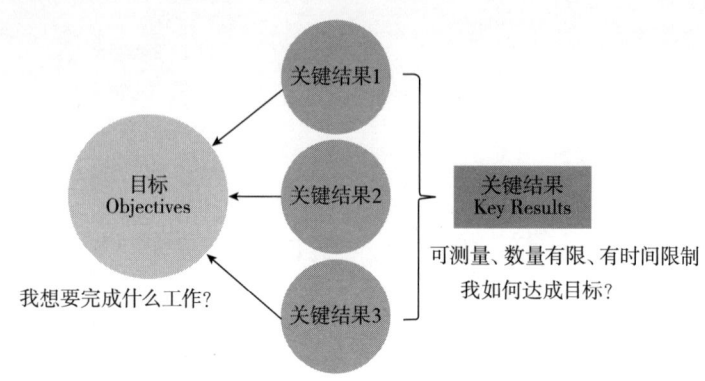

图4-7 OKR管理工具组成

OKR并非一个全新的事物,而是由企业员工绩效管控战略工具发展演变过程中逐渐迭代而形成的创新管理方法理论。从20世纪50年代起,企业领导人开始尝试采用一系列的管理技术来提高员工的绩效。管理学大师彼得·德鲁克在1967年提出一个名为"目标管理"(Management By Objectives,MBO)的框架,在这个管理方法论中,他明确提到从企业的最高层领导到一线的基层管理人员,每位管理者都需要有明确的目标,这些目标应定义其所管辖单位应该达成的绩效,说明其及管辖部门对企业的贡献,同时,这些目标需要源于企业的总体目标。德鲁克指出,企业管理者既要关注短期的目标,也要关注长期的目标。另外,目标既要包括有形的经营目标,也应包括像组织发展、员工绩效、劳动态度及社会

第4章 科技创新爆款产品制造组织组建的三大秘籍

责任等无形的目标。目标管理（MBO）在当时是一种创新的管理体系方法论，当代领军企业纷纷采用，但是也具有局限性，目标设置过多或者目标界定的范围过大会影响到企业产品生产及运营。到了20世纪80年代早期，在进行目标设置时，SMART原则和KPI的方法开始流行。SMART原则是五个英文单词的首字母缩写，即Specific（具体的）、Measurable（可量度的）、Attainable（可达到的）、Relevant（相关的）和Time-bound（有时间节点的）。SMART原则提出，无论是企业管理者还是企业员工，在制定绩效指标时，需要同时符合上述五个原则，缺一不可。绩效指标制定的过程也是企业管理者和员工能力不断增长的过程。KPI（Key Performance Indicator，关键性绩效指标）进一步提高了企业对制定绩效目标的要求。KPI将企业的战略目标分解为可操作的工作目标，符合一个重要的管理原则——"二八原则"。"二八原则"认为企业在价值创造的过程中，20%的骨干人员或关键产品创造了企业80%的价值，因此必须寻找并明确这20%的关键企业行为，并进行分析和衡量，这样就能抓住企业绩效评价的重心。作为最常用的企业绩效管理工具，KPI已经盛行多年，但随着如今商业竞争加剧，市场环境充满不确定性，信息共享高度透明化和新技术扩散速度变快，KPI的局限性逐渐显现。首先，企业在做预算时，中高层管理者各自争取有利的KPI指标，常常面临多轮会议沟通协调和博弈谈判的过程，内耗严重。企业中层管理者倾向于将保守的绩效指标报上去，但企业高层倾向于将乐观的绩效指标发下来，导致企业错过应对不确定性市场和用户需求痛点的最佳时机。甚至，企业各部门疲于应对各种预算期，投入太多精力和时间到制定绩效指标中，包括产品研发部门在内的各部门用于生产商业价值的时间就会受到影响。其次，KPI将员工和管理层之间的关系变成一种持续博弈的关系。员工会根据管理层分配的指标来开展工作，而且工作思维变成了如何更省力地去完成指标，长期发展下去对企业整体效益的提升是不利的。最后，KPI在预算制定初期就确定了整个考核期的绩效，最多在执行中期做一次比较大的调整。例如，每年年初制定KPI绩效指标，在年中对绩效指标做一次调整，这样的公司绩效设置效率越来越无法适应如今变化加剧的商业市场和技术创新迭代环境。故基于目标管理法，1976年，Intel前CEO安迪·葛洛夫提出了HOM（High Output Management，高输出管理），明确了基于总体目标设置关键性结果的管理方法，并由此衍生出了OKR方法在Intel的第一次实践。1999年，在Intel工作过的合伙人John Doerr将OKR的方法介绍给了成立不久的谷歌。OKR帮助谷歌发展成如今几万人的企业，也逐渐被更多的企业所熟知。

第4章 科技创新爆款产品制造组织组建的三大秘籍

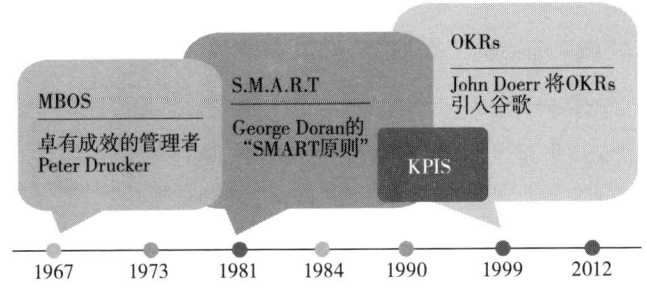

图4-8 绩效管理战略工具的迭代创新过程

如果说KPI偏重于绩效的考核结果，那么OKR更偏重于部门员工的协作和沟通。OKR包括目标和关键结果，在制定OKR的过程中，也要求企业管理者和员工思考时间、责任人、层级、沟通方式等多个因素。OKR不仅可以帮助企业及时调整和对齐目标，形成企业的内在驱动力，还可以让企业在不同层级之间实现信息扁平化，并建立良好的沟通管理企业文化。OKR和KPI的区别可以参考表4-1，通过比较可以知道，OKR通过加强沟通效率促进企业员工和部门协同，以应对不确定性。

表4-1 KPI和OKR比较

	KPI	OKR
本质	绩效考核工具	沟通和管理工具
前提	未来可预测；职责分工明确；严格执行绩效定薪；目标能数字化	上下目标方向一致；每个人都是"决策者"；公开透明
激励	薪酬激励	薪酬激励与管理层对话激励

续表

	KPI	OKR
环境	不公开	公开透明
导向	结果导向： 事情做完了没	产出导向： 事情做完之后产生的结果如何
目标	考核员工	时刻提醒员工需要做什么
灵活性	差，不接受改变	强，随时调整

如何实施 OKR

在 OKR 实施过程中，合理制定目标和关键结果是非常重要的一环，有效的 OKR 需要满足 SMART 原则——明确的、可衡量的、可实现的、有相关性和有时限性。

要制定出有效的 OKR 来推动打造科技创新产品进程，首先必须回答下列几个问题：

第一，产品为何存在？从长期来看，科技创新产品需要达成的社会和市场目标是什么？产品的存在给客户带来什么价值？

第二，什么是推动产品向前的核心动力？在产品的创新技术研发、产品销售渠道、顾客市场规模和产能中，哪个（哪些）是我们推动产品向前发展的核心动力？或者反过来，哪个（哪些）是如今制约创新产品向前发展的瓶颈？

第三，谁是这款产品的用户？如何对不同类别的用户进行分层排序？例如，按照客户利润贡献度或者按照客户的不同需求痛点来区分不同类别的客户。

其次，OKR的基本内容包括目标和关键结果。故第二个步骤是制定阶段性目标和数个关键性结果。在打造科技创新产品的不同时期需要制定不同的目标，目标不必是定量的指标，而可以是一个充满鼓舞力量的定性描述。例如，提高科技创新产品的运行可靠度，或者让科技创新产品的特性能够更好地支持制造业的用户生产。每个企业产品设计、研发、生产、制造的中短期目标是非常多元和具体的，而且必须要让产品研发制造团队可以掌握主动权，不会完全被动接受外界环境影响。并且，在制定目标的过程中可以有调整，不能制定目标过高，例如，将一款刚上市的国内首创的科技产品的季度目标定为"该季度获得全球80%的市场份额"是不合适的。

在制定定期的工作目标之后，需要通过制定科学的"关键性结果KR"来解答团队做得怎么样才算达标的问题。有效的关键性结果必须是可以量化的，要么是科技创新产品团队基于之前经验已经在衡量的业务指标，要么是基于新技术等因素而加入的新指标。而且，必须是具体明确的单一指标，而不是表达模糊的指标类别。例如，该APP本季度的关键性结果之一是"提高次日有效用户平均留存率10%"，而不是"有效提高该季度的用户留存率"。同时，根据OKR关键性结果设置的通用经验，一般一段时期（如一个季度）的关键性结果数量不能超过5个，便于产品创造团队聚焦。和目标制定不一样，关键性结果的制定需要由下至上，不能由产品总负责人或公司高管直接由上至下地部署。

再次，在该OKR评估期末对每个时期的关键性结果完成度进行打分。打分的计分单元可以是0—1分，也可以是0—100分。全面完成可以得到满分，如果没有任何进展，则评分为0分。由于关键性结果是定量的结果，因此按照完成量占总目标量的比率（即完成率）来打分并非难事。一般来说，能拿到满分的60%~70%的分数，表明该关键性结果完成度是合理的；如果评分低于40%的分数，则说明该关键性结果完成度较差，需要通过讨论调整下一个阶段关键性结果的设置，或者反思本阶段关键性结果未完成的原因。如果有多个关键性结果，那么总满分如何分配呢？可以考虑两个维度：一是关键性结果达成难易度；二是对打造产品全过程的商业价值，基于全员讨论来分配各关键性结果占100%得分的权重。例如，有两个关键性结果：KR1为完成100次产品测试实验；KR2为完成3次产品外观头脑风暴会。如果产品团队认为100次产品测试实验对产品的研发生产意义非凡，则可以设置KR1的权重是70%，而KR2的权重是30%。在评分环节，公司管理层针对的是关键结果定量评估，而非对这个人进行评分，因此评分及后续复盘环节应该聚焦在该关键性结果的执行过程和失败原因上，而不是对人的评价。

最后，得到评分之后，需要召开全员复盘会。在复盘会上，产品负责人需要与各位同事说明本次复盘不是对个人绩效的评估，而是找到关键性结果的执行过程和失败原因，探讨如何改善下一期的关键性结果制定并调整阶段目标。复盘会也是为了提升产品部门全员使用OKR促进产品生产的能力。在复盘后，包括产品部门管理者和组织者的本阶段OKR得分需要在产品部门内全员公开，让每个成员都能查到其他同事本季度的关键结果完成情况，也让其他成员能够学习OKR评估得分较高的成员在制定关键性结果和实际工作中的方法和经验。

OKR需要规避的问题

OKR可以使创新科技产品部门在产品设计生产过程中加强上下沟通，确保目标一致和信息透明化，并提升协作效率。但在推行的过程中，OKR的制定需要规避以下两个问题：

（1）目标设定得太宽泛

创新科技产品组织的目标虽然需要与公司总体发展战略目标一致，但把公司级别的关键性结果作为本部门的目标或者关键性结果是不合适的。例如，产品组的本季度目标设定为提升产品外观辨识度，这个是整个公司综合工作的结果，放在公司层面作为阶段性目标还可以，但是放在产品组织作为该阶段的目标就太宽泛。公司公布阶段性目标之后，部门负责人应召集部门全员共同探讨产品部的 OKR，并共同提出可以从哪些角度对公司级别目标做出贡献。公司需要提升产品外观辨识度，则产品部从自身优势出发，提出将本阶段内与 10 位青年设计师合作开发产品外观作为目标，然后基于经验确保目标完成，确定本时期内产品部需要完成下列两个关键性结果：一是筛选征集 100 位青年工业设计师的作品；二是通过产品部及公司高层管理层参与评分的方式选出 10 个高得分的产品外观作品。OKR 要标识出产品部打算如何解决问题，而不是公司给产品部新增了一个指标。

（2）制定关键性结果的结果导向性不够明确

产品部在设计关键性结果的时候不够具体，将如何做变成了做什么的描述，更多是在构思一种手段、途径、方法，而不是一个有意义的关键结果。例如，制定一个关键性结果为完成 10 款竞品案例的分析。这个结果更像是一个工作过程的描述，为什么要完成 10 款竞品案例的分析？完成了分析之后希望达到什么结果？这个需要思考和精进，有一个好办法，就是在设计关键性结果的时候，考虑后期打分环节中，你有没有办法让评估的人在 1 分钟内基于这条结果创造的量化效益与目标数据差异来打分。经过思考迭代，上述关键性结果可以修改为：分析 10 款竞品现有的技术专利数量和专利内容，输出竞品案例与我们的核心技术之间的优势、劣势比较报告。

关于创新科技产品部门的 OKR 如何制定，笔者提供某创新科技产品企业季度 OKR 制定案例，供各位读者参考。

表 4 – 2　科技创新产品部门季度 OKR 制定案例

部门/人员	季度目标	季度关键性结果
产品部	掌握新产品市场现状	KR1：季度末研发最小可行性产品并完成测试方案 KR2：季度末完成 2000 份潜在用户产品需求调研结果分析并输出分析报告 KR3：季度末完成 10 个竞品核心技术调研并输出报告
产品研发	完成最小可行性产品	KR1：季度第一个月末完成最小可行性产品策划，选出 3 个核心测试功能 KR2：季度第三个月末完成最小可行性产品的搭建，形成与测试用户接触的渠道 KR3：季度第三个月末完成最小可行性产品测试方案
用户研究	完成 2000 份潜在用户产品需求调研报告	KR1：季度第一个月中，完成产品调研问卷及确定 3000 个调研潜在客户 KR2：季度第三个月中，完成问卷投放并确保回至少 2000 份潜在用户有效的调研结果 KR3：季度末完成一份用户产品需求调研报告，以提出产品用户画像

续表

部门/人员	季度目标	季度关键性结果
技术分析	完成10个竞品核心技术调研并输出调研报告	KR1：季度第一个月中，确定需要调研的10个竞品 KR2：季度第二个月末，完成对10个竞品核心技术专利的搜集及内容分析 KR3：季度末完成10个竞品核心技术调研报告，以形成对产品核心技术创新性评估及专利注册工作的指导
产品设计	完成最小可行性产品界面设计	KR1：季度第一个月末，与产品部各组成员沟通3次，明确目前技术和市场最新情况 KR2：季度第三个月末，提出3套最小可行性产品设计界面方案，并组织部门全员筛选会

5　科技前沿创新产品案例分析

领域7：增强现实

【AR 案例1】飞利浦宣布研发 AR 外科手术导航系统[①]

荷兰皇家飞利浦公司是一家领先的健康科技公司，业务领域主要分为医疗保健、优质生活和照明三大类。其中，医疗保健业务领域涵盖家庭医疗保健服务、专业医疗保健设备和服务、成像系统、临床监护系统、信息技术服务和客户服务。

日前，飞利浦宣布为脊柱、颅骨和创伤外科手术研发增强现实外科导航系统，旨在通过 AR 技术实时呈现患者的内部图像，进而指导外科医生更好地开展开微创脊柱、微创颅骨和复杂性创伤外科手术。

以微创脊柱外科手术为例，飞利浦 AR 外科导航将通过

[①] 飞利浦宣布研发 AR 外科手术导航系统，VR 科技网，2017 年 1 月 21 日，https://www.vrsat.com/news/16228.html。

低剂量 X 射线进行患者的 3D 立体成像，让外科医生获得切口部位的脊柱的实时视图，为医生提供最佳的手术路径，而该系统也会通过 AR 导航帮助医生准确放置椎弓根螺钉。

传统的开放式脊柱外科手术往往需要大的切口进入受影响的脊柱区域，而外科医生需要肉眼看到并触摸到患者的脊柱来确定椎弓根螺钉的植入位置。相比传统的开放式脊柱外科手术，通过皮肤中的小切口进行的微创手术则可以更好地减少失血和软组织损伤、术后疼痛。但微创手术限制了可见性，而引入实时成像和 AR 导航系统则有效地解决微创手术的这一局限性。

【AR 案例 1 分析】

增强现实（AR）是一种实时计算摄像设备影像的位置及角度，并加上相应图像的技术。这种技术的目标是在屏幕上把虚拟世界套在现实世界里并进行互动，也即数字信息与现实环境的融合，用于增强物理世界的对应信息。医疗健康是增强现实（AR）技术的主要切入应用领域之一，能够帮助医疗健康产业改善传统设备简陋、医疗水平地域性差距和专业人才匮乏的局面，优化医疗健康产业传统流程，提升医疗效果和医疗人员工作效率。

据高盛预估，到 2025 年，增强现实 AR 和另一创新技术虚拟现实 VR 的市场总规模将达到 800 亿美元，其中医疗健康到

2025年预期用户约340万人，市场规模将达到51亿美元。①

综合全球增强现实在医疗健康行业各细分领域市场空间、应用现状、资本关注等因素，增强现实技术产品在医疗健康领域主要有六大应用场景：教育培训、个性化健康、心理障碍、康复训练、视力障碍和临床辅助。案例中介绍的技术就是增强现实技术在临床辅助中的应用。

面对多样化的医学临床场景，医生能够在增强现实的技术支持下，使用多样化的精细交互方式进行专业操作，包括器官放大缩小、器官分离分层显示、血管血流走向、血管内窥等手势图像，还包括语音命令辅助医生诊疗分析。此外，增强现实（AR）在远程医疗中也发挥着越来越重要的作用，外地病人的临床参数和信息可以直接呈现在异地医疗专家面前的虚拟病人身体图像上，使专家能够快速高效地给出诊断结果。

---

① VR/AR医疗健康产业应用创新报告，高盛银行，2016年2月2日，https://www.jiemian.com/article/935609.html。

【科言漫语】01 AR：临床医学

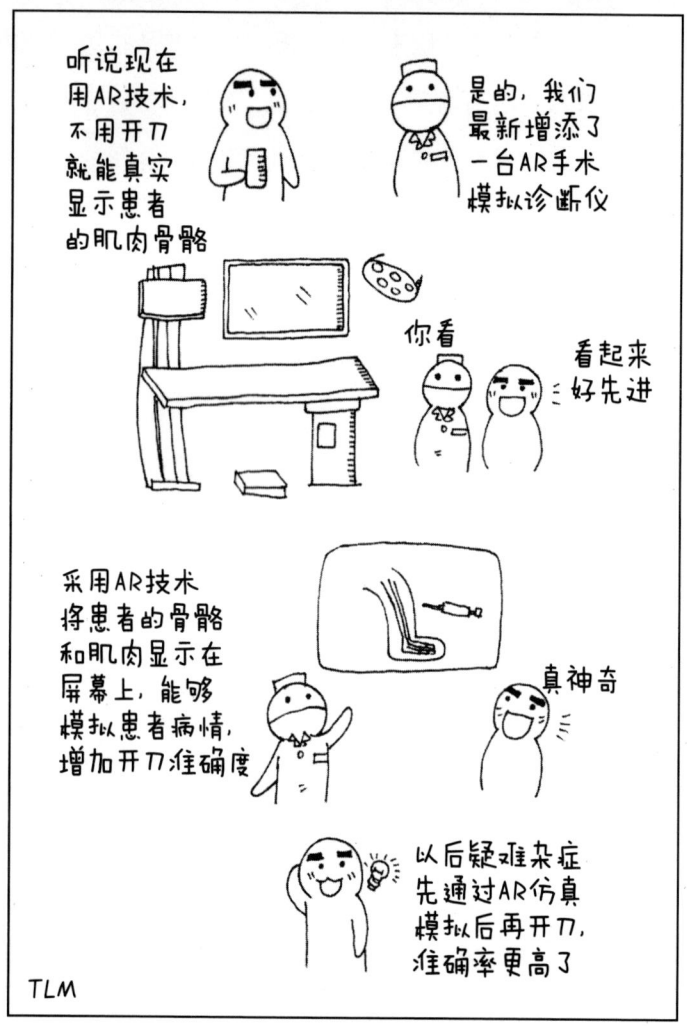

【AR 案例 2】打造"全球首个 AR 濒危动物园",腾讯 QQ 如何让公益触手可及?[①]

几年前,我们对于公益的理解还停留在"几个拥有足够资金来源的官方组织才能去做的大项目",离日常很远,也无法方便地实地参与。而随着互联网的发展,如今公益的整个生态都越来越高效,参与门槛逐渐降低,同时公益营销也变得更加"接地气"。

在这种改变发生的过程中,技术手段的应用让公益的互动和趣味性大大增强。你会发现很多时候,公益营销的案例竟然也能在社交网络上形成"病毒式"传播!最近,腾讯 QQ 就开启了这样一种能让人"身临其境"的公益新玩法——AR 濒危动物园,开启公益创新体验。

无论身处哪个城市,动物园是每个人都不陌生的童年记忆,但这次在广州,腾讯 QQ 和长隆集团联手打造了一个你从未见过的、与众不同的 AR 动物园——当游客们到达长隆野生动物世界的不同区域,打开手机 QQ"扫一扫"就可以观看不同濒危动物在真实自然环境下的生存状况,甚至还可以在屏幕中与其互动。比如,在自驾区的东非草原"扫一

---

① 打造"全球首个 AR 濒危动物园",腾讯 QQ 如何让公益触手可及? Socialbeta,2018 年 6 月 29 日,http://socialbeta.com/t/case-study-QQ-AR-zoo-2018-07。

扫",就会出现螺角山羊的 AR 影像;在园中林间小路"扫一扫",有"网红袋鼠"之称的短尾矮袋鼠就会扑向你的镜头求抱抱……除此之外,如果细心探索,还能在其他角落扫出凤尾绿咬鹃、考拉和我们的国宝大熊猫。

相信大家可以发现,这里出现的都是平时鲜少能见到的濒危动物。近年来由于环境污染、人类过度捕猎、栖息地减少等众多原因,不少动物一度面临灭绝,这样的局面也是腾讯 QQ 打造这座世界首个 AR 濒危动物园的现实洞察,通过以上新鲜有趣的体验,去让更多人接触、了解并关注到濒危动物。

一般在公益项目中,我们倾向于重点关注社交辐射的广度,但其实公益项目的传递也离不开好的创意,腾讯 QQ 打造的这座濒危动物园,从内容价值和让 AR 动物与真实动物共存的形式上都新鲜有趣,自然会收获好的社会反响。而针对不能去现场实地感受的用户群体,腾讯 QQ 在线上推出了一支"实景复刻版"H5。在这支 H5 里,你可以在手机屏幕中得到身临其境的体验,仿佛在看一部 mini 的《神奇动物在哪里》。

【AR 案例 2 分析】

增强现实(AR)与虚拟现实(VR)的区别在于:AR 的主战场是"现实世界",用户使用 AR 设备主要为通过 AR

设备产生的虚拟信息提升探索现实世界的能力，本身就具有一定的移动属性；相反，VR 的主战场是"虚拟世界"，用户使用 VR 设备主要为探索人为建立的虚拟世界，追求沉浸感。

在泛娱乐中，AR 由于具有极强的移动属性，因此应用场景比 VR 更加丰富。未来三到五年内，最有可能因 AR 设备受惠的是现场服务产业，信息技术研究和分析公司 Gartner 预期，每年 AR 技术为现场服务业约可增加 10 亿美元的利润。[①] AR 技术可以实现过去 3D 影像和 VR 虚拟现实等技术仍无法实现的视觉效果呈现、灵活便捷的移动性和与真实世界的交互性。用效率提升、更好的体验和更丰富的业态使用户和企业对 AR 有足够的兴趣。

本案例采用 AR 技术巧妙地让濒危或已经灭绝的动物活过来，与实际的动物园游览路线和环境场景相结合，让游客在游览公园的过程中用手机摄像头拍摄实景，并观察通过 AR 技术植入的濒危动物形象，就像这些动物生活在游客周边一样。该项目的交互场景和交互内容都比较合适，强化了游客在动物园的游玩体验。

---

① VR/AR 新产业借势 5G 走向成熟，新华网，2018 年 5 月 17 日，http：//www.xinhuanet.com/tech/2018－05/17/c_1122844088.htm。

【科言漫语】02 AR：动物园

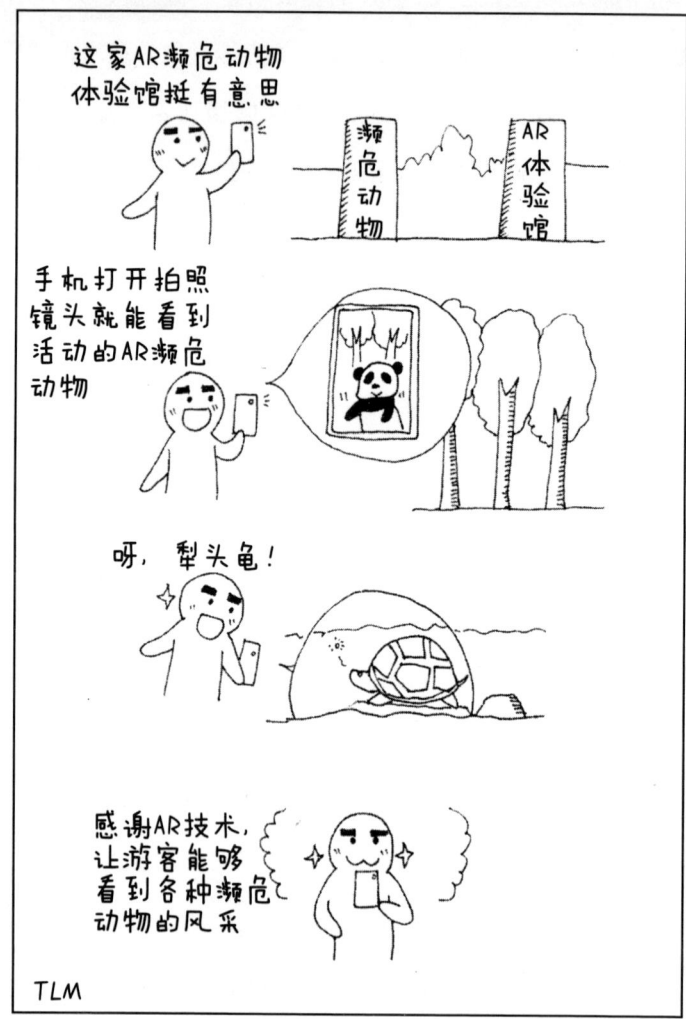

第4章 科技创新爆款产品制造组织组建的三大秘籍

领域8：柔性电子

【柔性电子案例1】柔性电子技术迎来突破性发展，电子皮肤有望成为智能生活的未来[①]

人类可以通过多种方式感受这个世界，我们的视觉、听觉、嗅觉、味觉，还有触觉。我们通过双手对这个世界的感知得益于我们敏感的指尖，在我们触碰火焰之前，就可以感受到它的热度，也可以感受得到新生儿面部的娇嫩和柔软。

但是那些佩戴假肢的人群则失去了这样的能力。来自斯坦福大学的鲍哲南教授领导团队多年以来一直致力于进行"有触觉"的"人造皮肤"的开发。其实，这是一种独特的电子元件，它可以被拉伸，利用敏感的电子材料制成，能够感受到微小的压力带来的电流变化。

团队描述了两项技术上的突破：第一是他们创造了一个可伸缩的聚合物电路，用集成的触觉传感器可以检测一个人造小虫的微弱足迹；第二个是一种大规模生产这种新型柔性、可伸缩电子元件的方法——这是商业化道路上的关键一步。

该团队实现了数层聚合物的完美整合，他们其中一些提供了装置的可拉伸性，其他的作为绝缘体隔离电子敏感材料。其中有一个环节，他们使用了喷墨打印机，在特定的涂层上

[①] 柔性电子技术迎来突破性发展，电子皮肤有望成为智能生活的未来，美通社，2018年5月24日，https://www.prnasia.com/story/211899-1.shtml。

进行电路绘制。该团队已经成功地将这种材料做成了大约两英寸的正方形，其中有 6000 多个独立的信号处理装置，就像合成神经末梢一样。所有这些都封装在防水保护层中。

这个原型既可以被拉伸到原来尺寸的两倍，又能保持它在没有裂缝、分层或褶皱的情况下导电的能力。为了测试耐久性，研究小组对样本进行了超过 1000 次的拉伸，但没有造成明显的损伤或灵敏度下降。当研究人员将他们的样本粘在人手上这种不规则的表面时，效果也依然非常好。

【柔性电子案例 1 分析】

柔性电子是将有机或无机材料电子器件制作在柔性或可延展性强的塑料或薄金属基板上的新兴电子加工技术。柔性电子具有柔软可变形、质轻便于携带、可大面积应用等特性，通过应用新材料和新工艺能产生大量新产品。

柔性电子技术除了整合电子电路、功能材料、微纳制造等领域技术外，同时横跨半导体、封装、检测、材料、化工、印刷电路、显示面板等产业，协助传统产业提升产业附加值，为产业结构和人类生活带来革命性变化。据国外知名市场调研机构 IDTechEx 预测，柔性电子产业 2018 年为 469.4 亿美元，2028 年为 3010 亿美元，2011 年到 2028 年年复合增长率近30%，具备千亿美元级市场发展潜力。①

柔性电子产品在生物医学方面应用广泛。轻薄的柔性电子材料可以非常紧密地贴合在皮肤、心脏或者大脑上面，从而通过对电学或压力信号的检测获取更准确的身体信息。同时，用户佩戴的体感较好，长时间佩戴不会有明显不适，方便用户全天佩戴这些薄如蝉翼的柔性电子器件，随时监测人体心跳脉搏、血压、脑电波、心电图等各种身体指标，对于人体慢性健康疾病，如心脑血管疾病的诊断、预防和及时治疗意义重大。

人体皮肤是人体感知系统的第一道大门，皮肤下遍布神经细胞网络，通过皮肤接触到的任何压力细微变动，都会通过神经细胞将信号传递到神经中枢，输送到大脑，并让我们快速做出反应。皮肤的这种感知功能已经可以用传感器模拟，而新研发的柔性电子传感器更适用电子人造皮肤。柔性电子产品具有较高的弹性，能够承受弯曲和拉伸；同时，柔性电子产品对压力变化的敏感度很高，即使非常细小的变化也可以被柔性电子传感器感知。

案例中提到的柔性电子皮肤产品在技术创新上具有较大

---

① 柔性储能十大技术突破：改变智能硬件的未来，国家自然基金委员会科技传播中心，2018年1月12日，http://www.nsfc.gov.cn/csc_phone/kqkd29/kjyq1/22166/index.html。

突破，研发的柔性电子皮肤产品能逼真模拟真人皮肤的生理功能，而柔性电子皮肤产品目前的技术壁垒在于缺少人类皮肤的自我修复能力，这方面是柔性电子皮肤产品需要跨越的生产挑战。

第4章 科技创新爆款产品制造组织组建的三大秘籍

【科言漫语】01 柔性电子：柔性电子皮肤

【柔性电子案例2】华为力争制造"全球首款"折叠手机[①]

2018年4月12日，华为P20国行发布会正式落下帷幕。然而更加劲爆的消息又传来了！根据外媒的报道，华为似乎正在为发布"全球首款"折叠式智能手机发起冲击。

如果智能手机可以折叠，便可以令设备在保持较小体积的情况下获得更大的屏幕空间。

目前，国内第六代柔性OLED显示屏已经可以实现量产，这些柔性电子屏不仅可以实现折叠，还可实现更多你想不到的应用（国内刚刚落幕的CITE2018上，便展示了多种多样的柔性电子屏应用）。所以，在硬件条件允许的情况下，华为率先推出折叠手机也不是完全没有可能的。

据悉，华为目前开发的可折叠手机，引进了两家柔性OLED显示屏供应商：一家是深圳本土的OLED显示企业柔宇科技，为其提供7.8英寸的可折叠OLED显示面板；另一家则是中国最大的面板企业京东方，为其提供的是8英寸左右的可折叠OLED显示面板。

关于京东方的柔性OLED面板，目前在建与规划的6代柔性OLED产线就有三条，并且配备的全是业内最成熟的设

---

① 外媒：华为力争成为"全球首款"折叠手机，手机中国，2018年4月13日，http://www.cnmo.com/news/634232.html。

备。首条产线已经于 2017 年底开始量产,并已经出货应用在华为的豪华版保时捷手机上。

如果这次尝试得以成功,那么华为在全球市场的地位极可能再度攀升。最直接的好处在于,华为很可能借此获得击败目前全球智能手机出货量最大的企业,并且是在没有美国市场支持的情况下,这对于智能手机行业而言,将是具有历史意义的。

【柔性电子案例 2 分析】

案例中华为的折叠手机产品的核心技术是柔性屏幕。柔性屏幕指的是柔性有机发光二极管 OLED（Organic Light-Emitting Diode,OLED）。与传统液晶显示屏相比,OLED 屏因为不使用背光,具有低电耗、高亮度、色彩丰富、更轻薄、能弯曲等特点,优势明显。OLED 显示技术应用广泛,应用范围包括手机、数码摄像机、DVD 机、个人数字助理（PDA）、笔记本电脑、汽车音响和电视等。

据统计,中国是目前全球最大的 OLED 应用市场,其中 45% 以上的 IT 产品与显示器件相关。[①] 中国内地的手机产量占全球产量的 50% 以上,而其他消费电子产品的产量占全球产量的一半以上。全球市场调研公司 IHS Markit 指出,2017

---

① 中国 OLED 产业市场前景分析,前瞻研究院,2018 年 4 月。

年全球柔性 OLED 市场规模在 30.4 亿美元左右；柔性 OLED 显示面板将在未来 5 年保持快速增长的势头，年复合增长率将高达 30% 以上；其市场规模也将在 2020 年左右达到 400 亿美元以上，OLED 屏幕在智能手机市场的渗透率将超过 50%。[1] 发展柔性电子屏幕将是包括手机在内的电子产品未来技术创新不可逆转的趋势。

目前，我国智能手机销售呈现下降趋势。据中国信息通信研究院发布的《2018 年 3 月国内手机市场运行分析报告》数据显示，中国智能手机行业出货量继续负增长，Q1 手机出货量仅为 8737 万部，同比下降 26.1%。其中，国产品牌手机出货量同比下降 27.8%。而基于智能手机产业经验，通过工业设计和前沿科技为智能手机形态和功能带来的体验提升，一直是激活手机用户购买的第一动力。包括案例中提到的华为在内，国内外智能手机制造商纷纷将产品创新目光投向可折叠柔性屏幕智能手机，其目的也是想通过可折叠屏幕智能手机为智能手机市场销量带来新的发展契机。

---

[1] OLED 行业分析，IHS Markit，2017 年。

第4章 科技创新爆款产品制造组织组建的三大秘籍

【科言漫语】02 柔性电子：折叠手机

第 5 章

科技创新爆款产品营销推广的实战新方法

1 科技创新爆款产品营销推广的新特征

科技创新产品的用户群体对产品有较高要求,使得科技创新产品市场比其他产品的市场更加细化。此外,当今技术更新步伐加快、产品生命周期缩短的特点,使得科技创新产品市场经营变动性大,而用户对科技创新产品所带来的更高水平的服务体验的认知并不同步,企业必须引导用户并持续快速挖掘市场需求。一款科技创新产品想要成为爆款产品,离不开有效的营销方式,当下科技创新产品的营销具有下列新特征。

特征1:数据在营销推广中的作用显得日益重要

数据营销(Database Marketing Service,DMS)是在信息技术、互联网与数据库技术基础上逐渐兴起和成熟起来的一种市场营销推广手段,在企业市场营销行为中具备广阔的发展前景。它不仅仅是一种营销方法、工具、技术和平台,更重要的是一种企业经营理念,也改变了企业的市场营销模式与服务模式,从本质上讲是改变了企业营销的基本价值观。通过收集和积累大量的消费者信息,分析预测消费者有多大可能去购买某种产品,以及利用这些信息给产品以精确定位,有针对性地营销以达到说服消费者购买产品的目的。通过数据库的建立和分析,各个部门都对顾客的资料有详细全面的了解,可以给予顾客更加个性化的服务支持和营销设计,使"一对一的顾客关系管理"成为可能。

传统营销模式的发展主要是建立在产品制造商和消费者之间的信息不对称的基础上。从传统产品营销走向大数据产品营销,除科技不断发展的因素外,从根本上讲是消费者的观念变化造成的。当前消费者和过去消费者最大的不同点在于,他们拥有了各种移动通信设备并可以通过便捷高速的网络环境,随时随地地了解产品市场的动态。这样消费者就能清楚地分析出市场的价格走势等各种商品信息,进而从丰富的市场资源中对想要购买的产品有一个明确的认识,还可以对新产品、新技术等新生事物在第一时间有所了解。目前的主流趋势是消费者根据互联网上商品的价格,自主地选择供货来源,对比同种商品优缺点等产品信息。企业营销部门如果想在市场中赢得先机,就必须采用新的营销方法来迎合这一改变。

数据收集的价值包含两个维度:一方面,你是否能衡量这个数据对企业产生的价值——你不会将用户的所有行为都记录下来，而是记录那些对企业自身有帮助的数据，即企业价值；另一方面，你是否能衡量这个数据对顾客的价值——这个数据如何帮助企业为客户提供更好的服务，即客户价值。因此，数据营销对科技创新企业而言具备下列三个方面的作用：

（1）数据营销能够促进企业提高营销效率。

首先，数据营销能帮助企业实现渠道优化。消费者通过社会化和移动化的渠道获取商品服务信息，这些信息数据被网络记载，企业可根据消费者的使用情况进行渠道营销优化，判断各营销渠道的投入配比、各类型用户的营销手段等，从而实现渠道优化。其次，数据营销促进企业营销信息推送的精准化。产品潜在用户线上浏览搜索被记录下来，用户信息通过各大互联网购物平台被记载，线下的购买行为也被门店会员或者付费终端给记录下来。企业利用数据技术分析用户的消费行为，挖掘目标消费者，再根据不同特性向不同的产品潜在用户推送相关营销信息。最后，数据营销有利于科技创新企业做出正确的企业决策。与传统营销相比，数据营销建立在更加广泛的数据层面上，其分析效果要比传统的市场问卷调查精确得多。在更加精准的用户研究结果下，企业决策的效果得到保证。

数据营销之下,企业会分析出不同类型消费者所承受的产品价格区间,制定相应的阶梯式的价格战略,从而使企业的利益最大化。目前通信技术发达,移动互联网发展速度突飞猛进,企业根据手机定位功能,分析用户地理信息数据,了解用户经常光顾的场所,通过线下有针对性地对用户进行产品推广。产品用户数据分析可以把市场最小单位分割成个人,从而能够更细化地满足用户的个性化需求,为企业带来超额利润。

(2)数据营销能够提升用户体验。

数据营销不仅给产品销售带来便利,也提升了产品使用者的体验。通过数据营销能够实现潜在用户的准确业务推送、用户需求的精准定位以及用户反馈的有效传达。首先,用户的需求得到满足。科技进步及工业化规模化生产使得科技创新产品产量爆发式增长,加上科技产品的多元化设计,以及科技创新产品的市场趋同,消费者在购买某种科技创新产品时,总是要面临许多选择,要同时考虑产品品牌、价格、功效、优惠力度、商家或购物平台信誉度等。然而数据营销可以使消费者在企业提供的精准分析下解决这一难题。根据对产品的数据分析,企业可以将用户进行准确划分,为潜在用户有选择性地输送其真正需要的科技创新产品信息,真正实现以客户为中心。其次,用户的反馈得到有效传达。在数据营销中,企业不仅需要收集用户使用产品之前的信息,也要收集用户使用之后反馈的信息,了解用户使用产品的体验,从而对产品进行改进。数据营销使得用户的各项体验都能够真切地体现到产品的迭代更新中。

(3) 数据营销促进了产品营销渠道和线上、线下平台互通互联。

数据营销需要将用户的碎片化网络信息重聚,以精准描绘出用户的整体画像,从而对消费者进行个性化营销。数据营销通过跨界融合的方式使传统媒体,如报纸、电视、广播等与互联网进行有效结合,并实现信息资源共享,同时获取大量用户信息,并通过技术手段集中处理这些信息,进而衍生出更多形式的营销信息,通过更多的营销渠道进行传播,以提升产品营销效果。

同时,数据营销下的产品营销可以进行市场预测。原先的营销手段只能根据企业掌握的历史数据分析当前市场的变化,找出能够抓住客户心理的方向进行营销。而数据产品营销可以通过分析当下实时数据和历史数据做对比,预测市场的发展趋势,为企业的持续良好的营销战略打下坚实的基础。这些预测也为科技创新企业更精准地选择营销渠道提供了重要参考效果。

特征2：需要围绕用户的需求变化开展营销

创新产品时代，企业首先要满足用户痛点，产品是营销制胜的关键。在做一个产品之前，首先要问一个问题：你打算做的科技创新产品针对的是什么人群？用科技解决用户的哪些刚性需求？

痛点产生的根源就在于，用户日益增长的物质文化需要与生产者、服务者提供的不够完善的产品、服务之间的矛盾。所谓痛点，是指用户在使用产品或服务的过程中，更高、更挑剔的需求未被满足而形成的心理落差和不满，这种落差和不满会在用户心智模式中聚焦成一个点，成为负面情绪爆发的原点，让用户感觉到痛。

传统是一个相对的概念。传统营销是相对于互联网时代众多新媒体营销而言。在传统营销模式下，企业往往会通过层级森严的渠道，并辅助以大量的人力、物力和广告投入，从而达到撬动市场、满足目标顾客群的各种现实需求和潜在需求的目的。传统营销模式对应的是传统的市场环境。随着信息技术尤其是互联网的飞速发展，传统企业纷纷开始利用互联网为顾客提供服务，并且在世界范围内拓展公司的业务。在这种形势下，传统的营销模式已经难以适应今日企业的生存所需，弊端越来越明显，主要表现在：冗长的反应通道；较高的成本；难以满足的个性化要求；互联网的颠覆。

科技创新产品的营销应该与时俱进。要深度了解用户的目的，发现他们的痛点和诉求，找到营销和销售的切入点，形成成交机会。基于用户痛点提炼卖点。卖点是指营销人员从产品视角提炼出来的足以打动用户的兴奋点，多是产品所具有的与众不同、别出心裁的特点。这些特点有可能是产品本身就有的，也可能是通过营销策划人员的智慧和想象力提炼出来的。提炼卖点是企业市场营销工作的前哨站，它通常比广告词更早出现，最佳的卖点就是最强有力的购买理由。为了更好地洞察用户群体的快速变化，需要更灵活的营销手段，组建获客增长小组能够通过微创新快速洞察用户需求痛点变化。

特征3：个性化精准营销异军突起

人类最原始的营销模式是量体裁衣式地为顾客定制其所需要的产品或服务。在大批量生产方式产生之前，这是企业所采用的最主要的营销方式。这一方式成本高、效率低，无法让企业获得大规模的发展。后随着大批量生产方式兴起而式微，但在奢侈品领域，仍然是主要的营销方式。随着现代信息技术的发展，交易成本大大降低，也使得企业与顾客之间的实时互动成为可能，于是个性化营销又开始成为具有竞争力的营销方式。

个性化营销即企业把对人的关注、人的个性释放及人的个性需求的满足推到空前中心的地位。营销学家说，企业与市场正在逐步建立一种新型互动关系：顾客根据需求提出商品性能要求，企业尽可能按顾客要求进行生产，迎合消费者个性化需求和品位，并采用灵活战略适时地加以调整，以生产者与消费者之间的协调合作来提高竞争力，以多品种、小批量混合生产取代过去的大批量生产。这有利于节省中间环节，降低销售成本。不仅如此，由于社会生产计划性增强，资源配置接近最优，商业出现"零库存"管理，企业的库存成本也节约了。实现个性化营销的有效营销策略是：场景营销。

2 实战新方法之一：数据营销
——基于用户数据的精准营销新范式

科技创新企业可以通过下列五个步骤实现科技创新产品的数字营销：

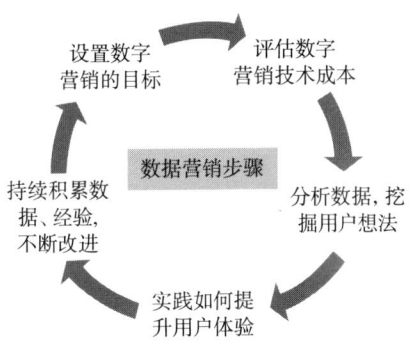

图 5-1 数据营销实践循环

步骤 1：站在产品用户的角度去思考如何设置数字营销目标

在开始数字营销线上、线下平台设计和投入成本前，建议科技创新企业先对市场现状做两个测试，以便进一步着手制定适合的营销策略。首先，搜索用户在寻求类似产品或相关服务时候的检索关键词。在这一步中，需要假设产品用户并不知晓产品的品牌，因此将品牌排除你检索范围。其次，细心分析搜寻结果，看结果是否包括了你的企业或产品网站。如果没有，则尝试多输入几个与你公司和产品紧密度更大的关键词，观察显示的网站设计风格和内容，并察看是否留下了访客的留言信息（即是潜在产品用户的反馈意见），企业可以将这些信息作为制定科技创新产品数字营销策略的参考资料。

步骤2：评估数字营销技术成本

即使在紧迫的环境中，也不能因为成本不足而影响用户的数字营销体验，因此建议科技创新企业在制定营销策略时就要评估数字营销运营的成本。如何评估运营成本呢？现在是移动互联时代，大部分潜在用户以移动设备——手机或平板电脑在线上搜索产品信息，公司的线上平台设计是否能够满足用户所使用的设备？评估好实现该体验的运维成本之后，再去思考如何将该搜索功能落地。如果由于精减成本导致用户发出的搜索需求不能立刻得到回复，将会影响用户再次登录线上平台的积极性，甚至导致用户的流失。

步骤3：分析数据，挖掘产品用户的想法

这一步骤是数字营销的主要步骤。近来各种测量指标层出不穷,在这样的风潮推动下,没有什么不能测量评估。选择指标很重要,建议设计的测量指标应该便于使用。该步骤执行方法在2.3节已经有详细叙述,因此这里不再重复展开。

步骤4:将提升产品用户体验摆在数字营销工作的重心

理想的用户体验应该能够实现以上目的,或是提供更多让用户感到惊叹的选择,但绝不能让用户感到不安。用户已按要求提供了很多个人信息,却只收获了满足他们需求的少量有用资讯。用户体验不仅仅是图像设计,更关乎用户能否顺畅地从你的网站搜寻信息、浏览内容、订购货品和提出问题。你需要确保数字营销平台能够让用户的所有浏览设备端都能提供流畅的用户体验。

步骤5:持续积累数据、经验,不断改进

优化是借助分析与测试提升你的数字营销效果,它不会一劳永逸,会周而复始,是测量、分析、优化的持续改善过程。建立一个持续改进的周期后,你会发现因为拥有了足够详细的数据,对内容的改进会变得更容易,开发新业务的预算也减少了。持续的改进能助你在竞争中脱颖而出,也能助你留住产品用户。因为在用户眼中,你的公司充满动力并随时因他们的需求做出改变。随着流程推进,你会了解数字指标对产品销售有帮助的规律和原因,这些经验的积累有助于企业筛选用户真正想要的科技创新产品营销信息。在此后反复循环的周期中，企业也变得越来越好。

在不断实践和上述五个数字营销步骤后，科技创新企业会积累大量的数据，为了更好地利用这些数据信息，建议科技创新企业通过下列记录来沉淀数据，尤其是对产品营销真正有价值的数据。

（1）测试历史

将过往的测试发现记录在案，这样它们就可以存在客户洞察的宝库里。最起码可以制作一份简单的电子表格，列出所有过去进行的测试，它们的目的、假设和结论。因为你永远都不会想重复不必要的工作。

（2）测试简报

每次测试都应该有一份简报性质的文件，它会概括测试假设、测试设计、时间、预计收益、成本和投资回报率。这份详细的简报会规范建立测试历史和管道所需的输入内容，让它们标准化。

（3）测试管道

测试管道保持追踪所有正在规划和已进行的测试。它可以将一切收录在一份简单的电子表格里，具体规模视你进行的测试数量和你所在机构的复杂性而定。表格中列出所有已计划测试的简短介绍、时间安排、在活动管理平台系统中占据的地位。

(4) 测试数据指引

仅仅在客户洞察库中存储往期测试的结果是不够的。这些发现需要汇总并编纂成指引，可以在全机构沟通。同样地，经过测试的规则无须一再测试。

(5) 测试优先排序

新的测试可以根据测试人员已知的情况，通过测试历史和指引排列优先次序。我们在测试管道中拥有的和潜在的投资回报率都可能来自测试后进行的首次展示活动。测试的优先次序会避免过多测试。

3　实战新方法之二：组建增长小组以提升科技创新产品市场获客能力

增长团队定义和组成

随着市场竞争日益激烈，产品用户的需求多样性日益增长，科技创新企业需要在最短时间和最小成本内快速地对变化产生反馈，而企业组建增长团队的作用，正如精益创业之于产品，敏捷开发之于生产——通过快节奏测试和迭代，低成本获取并留存用户，实现企业的爆发式增长。

跨职能团队不仅能够促进并加速产品、工程、数据和市场部门之间的合作，还能够激励团队成员更多地了解并理解其他成员的视角及他们的工作。建立增长团队或许是公司战略需要，或者是为了某个具体项目或计划的推进。

增长团队里应当有对企业战略和目标深刻了解的人，有能够进行数据分析的人，也要有能够对产品的设计、功能或营销方式进行改进并通过编程测试这些改进的工程师。当然，不同公司、不同产品的增长团队具体构成也不同。团队的规模各异，因此职责范围也各不相同。它可以是四五个人组成的小团队，也可以像领英的团队那样有上百个人。

（1）增长负责人

每一个增长团队都需要一个领导者，就像部队里的营长，既管理团队又能脚踏实地地参与头脑风暴和试验过程。增长负责人会确定试验的流程和节奏，并监督团队完成目标任务。增长团队一般每周开一次例会，由增长负责人主持会议。不论专业或背景如何，增长负责人在团队里都扮演着管理者、产品负责人兼数据科学家的角色。他们的一个主要职责就是制定核心关注点、团队的工作目标和时间表。所有的增长负责人都应具备一些基本的技能：能够熟练地进行数据分析，精通或熟悉产品管理（即开发与发布产品的过程），以及了解如何设计并开展试验。每一个增长负责人也都必须熟知促进用户增长的方法以及团队所负责产品或服务的用法。

（2）产品经理

通常来说，产品经理负责监督产品及其功能的实现过程。产品经理的角色其实起源于消费品行业，最早由宝洁设立。最初，这个角色的名称是"品牌经理"，直到今天很多公司仍在使用这一名称。这个职位通常属于市场部门，因为其职责就是帮助公司更好地理解并满足客户的需求。

（3）软件工程师

为产品功能、移动界面和网页写代码的人可以说是增长团队的主力。然而他们往往被排除在构想过程之外，因为他们通常忙于公司新产品或新功能的开发；或者他们只需执行产品和业务团队的命令，落实他们提出的任何想法。

（4）营销专员

团队也有可能有几个营销专员，分别负责不同的领域。营销人员也可能只是在短时间内加入团队，开展他们所擅长的工作，在目标实现之后便离开。

（5）数据分析师

增长团队的另一个必要技能是精通客户数据的收集、整理与精细分析，并从中汲取试验灵感。团队的数据分析师需要懂得如何确保试验的设计严密性，且在统计上有效；懂得如何获取不同来源的客户和业务数据，并将这些数据结合在一起分析用户行为；并且能够迅速整理试验结果，从中提取结论。

（6）产品设计师

同样，这个职位在不同类型的公司也有着不同的头衔和职能。在软件开发领域，专注于用户体验的设计师负责开发与用户交互的界面和序列。在制造业，设计师可能负责产品画图和规格。而在其他一些公司，设计师可能主要负责广告和推广文案的图像设计。在增长团队中，设计师的参与可以提高试验执行的速度,因为这意味着团队有一位专职人员能够迅速地完成设计工作。用户体验设计师也能够在用户心理、界面设计和用户调研技巧方面提供重要的见解,帮助团队寻找试验思路。

增长小组如何开展工作

通常,增长团队会从企业忽视的驱动增长因素入手,根据"高回报、低成本、高成功率"等原则,进行事项优先级的划分。然后再分析数据,发现问题,进行实验。团队应当通过迅速试验寻找新的增长机遇,并扩大现有的机遇。这一过程是持续的循环,由四个主要步骤组成:(1)数据分析与洞察收集;(2)产生想法;(3)排定试验优先级;(4)试验执行。

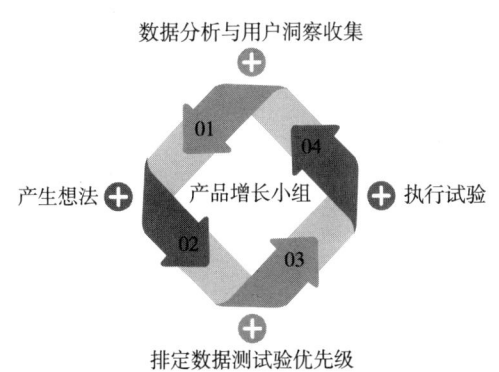

图 5-2 产品增长小组工作流程

在创业公司和小型企业,增长团队中上述每个领域可以只有一个人,甚至团队只有几个人,每个人负责不止一项工作。而在大公司,增长团队可能包括多位工程师、营销人员、数据分析师和设计师。增长团队的构成要素包括团队的规模、组织结构、具体的任务和工作重心。增长团队的工作范围可能比较宽泛,比如负责公司各个领域的增长业务;也可能非常具体,比如负责产品某个部分的改进,如某个按钮的功能。

  公司的组织汇报结构必须对增长团队有清晰的界定,即增长负责人应向谁汇报。团队应当由一位高管负责,以确保团队有权跨过既定的部门职责界限开展工作。增长不应作为一个边缘项目存在,如果没有明确且坚定的高层意愿,增长团队将会在公司中处处受阻,陷入低效、僵化的形式主义和地盘之争。在科技创新公司,如果创始人或企业 CEO 本人直接领导增长团队,那么团队就应该直接向其汇报。在规模更大的公司,可能同时有几个增长团队,团队则应向公司副总裁或首席官中的一位汇报,这位首席官能够保证整个首席官团队都支持增长团队的工作。总之,组织最高层的支持对于团队取得持续的成功至关重要。团队应定期召开增长会议以保证工作进度。团队会议一般应每周召开一次,它能够为管理团队试验工作、回顾试验结果并决定下一步试验内容提供方向。

4 实战新方法之三：借助"场景"引爆科技创新产品市场销量

场景营销定义

场景营销是指基于对用户数据的挖掘、追踪和分析，在由时间、地点、用户和关系构成的特定场景下，连接用户线上和线下行为，理解并判断用户情感、态度和需求，为用户提供实时、定向、创意的信息和内容服务，通过与用户的互动沟通，树立品牌形象或提升转化率，实现精准营销的行为。

场景营销包括下列三个内涵：

（1）营销受众标签化。通过整合分析消费者的性别、年龄、职业、行为等数据，预测消费者在当下场景的需求。

（2）适时推送信息。精准把握消费者的需求，让消费者在合适的时机看到产品或服务的信息，并且带给消费者良好的体验感受，激发消费者的购买欲。

（3）互动和分享。消费者在与商家之间的互动过程中完成交易，同时消费者对产品的分享扩大了品牌信息在消费者所在的人脉圈里的传播影响力。

为何选择场景营销

近年来，随着移动互联网与市场营销的结合程度急剧加深，传统的市场营销方式因不适应互联网信息分享特征而暴露出诸多不足，已经不能满足企业和用户的需求，而场景营销弥补了传统营销方式的这些不足，提高了营销传播的有效性、接受客户的针对性和客户群体多样性。互联网技术的进步和消费主体的变化助推场景营销逐渐成为未来营销的趋势。用户、基础设施、线下商家是影响场景营销发展前景的关键因素。

（1）从用户的角度看，用户的生活离不开线下，用户回归线下服务成为趋势，用户的变化带来流量的变化，流量积聚的地方更有营销价值，也更能将流量转化为消费。

（2）从基础设施的角度看，基础设施越完备，所能采集的场景数据将越丰富，对用户行为的判断和预测就越精准，这是场景营销发展的必要条件。

（3）从线下商家的角度看，线下商家对数字化营销的需求是场景营销发展的核心内生动力，但是线下商家对互联网的认知和使用能力都比较弱，使其无法单纯依赖自己完成营销升级。

从三个角色来看,场景营销服务商在其中起到关键作用,帮助线下商家发现营销问题、提供解决方案、达成营销目标,提升用户线上线下活动的价值和体验。

场景营销三要素

建议科技创新企业在对产品开展场景营销的时候考虑三个场景营销要素:

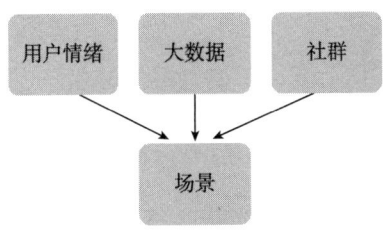

图 5-3 场景营销三要素

(1) 用户情绪

移动电商的场景营销以极致体验为核心,通过对特定场景的发掘与构建来引起消费者的情感共鸣,满足消费者的体验追求,也就意味着需要在情感上与消费者相互契合。神经学家认为,理智引发推论,情绪带来的却是行动,情绪是一系列主观认知的经验,能够直接产生针对行为的强大驱动力。移动互联网时代来临,消费者在消费社会中得以解放,情绪对消费者的影响更加复杂和深远。移动电商场景营销更是将消费者放在"聚光镜"下,消费者的积极情绪因素成为关注的焦点。挖掘消费者的情绪价值首先需要重视并尊重消费者的情绪和感受变化，然后以此作为重要参考来发掘和构建场景，通过场景打造具有温度的营销活动成为赢得消费者的重要方式。

（2）大数据

场景营销需要整合现实场景和虚拟场景中的多种数据。现实场景的数据将原本毫无生气的场景变得富有温度和人性，大数据带来了因果关系向相关关系的转变，场景经过数字化的过程后变成能感受动态变化的鲜活关系网络，成为具有生命的客观实在。

（3）社群

场景营销内含的关系网络为社群创造了条件。在场景营销中，社群扮演着重要的角色。作为人与人的聚合，社群是一种全新的互联网文化生态。究其本质而言，社群是同义反复的亚文化生态，有能量形成大规模的传播，吸收用户参与。场景营销时代，移动互联网进一步消除了空间边界，人的自由连接和兴趣聚合变得简单，表现在移动电商领域就是消费者能够通过微信、手机客户端、电商APP等多种渠道随时随地建立社群，迅速汇聚超越单个消费者的群体力量。社群的形成为消费者提供了交流与分享的空间，成员之间形成的立体式互动激活了场景营销。社群拥有的势能成为场景的动力机制，社群的形成已经成为场景营销需要面对的必然趋势。

如何实施场景营销

科技创新产品企业可以通过下列四个步骤来实现场景营销：

（1）以产品为场景营销的解决方案。

科技创新产品的差异化及其竞争主要发生在附加产品层面。所以，产品设计首要任务是找准产品的核心利益，其次就是精心设计附加产品。在场景营销日益盛行的时代，产品成为场景解决方案是对我们传统的产品思维的颠覆，此时的产品已不再是一件单纯的物品，它在场景之中被选择、被重新定义，俨然成了一种消费者更愿意为之付费的体验。产品场景营销需要包含下列三项主要工作：抓住消费者需求痛点，为消费者提供个性化的场景体验；洞察用户需求，加以细分；确定场景的呈现细节。

（2）打造极致体验，增强用户黏性。

体验经济框架下，场景体验已经成为衡量商业价值的首要维度，消费者更加关注的是价值敏感性而非价格敏感性，消费者的痛点和痒点亟待"体验"来解决。要保证消费者与品牌的良性互动和深度参与，就必须让消费者能够在有趣的体验中获得价值。基于消费者的个性化需求，为其提供移动应用体验是企业留住顾客并影响其购买决策的重要手段。极致体验感一定是基于场景的,是与需求相匹配的,是与数据相关联的。创造极致体验,需要考虑各种场景元素,主要包括位置信息、时间信息、环境因素、角色和社会关系等。

(3)诱发产品用户传播和分享,形成产品二次传播。

移动互联时代,移动设备将人与人最大限度地"聚合"和"无缝连接",人们永不停歇地连接、移动和表达。消费者在自己的圈子里进行分享,看似非主流的亚文化群落,其背后蕴藏的是大量商业小众市场和流量。因为其小众性,圈内成员的热情和兴趣会随着消费者数量的增加形成某种影响力,往往会助力一款科技产品迅速成为爆款产品,甚至催生一个新的细分领域。因此,场景营销应把握好"分享"这一环节,以二次传播提高品牌的知名度。

(4)用懒人思维进行购买体验人性化创新,养成产品用户消费行为。

消费者在经历了连接、体验和分享之后,很大程度上会付诸行动,完成整个购买过程。完成整个购买的营销触点是方便的购买渠道。懒惰是人类的本性。消费者在某种程度上都是懒惰的,想让生活和工作变得更简单、舒适和人性化。要针对懒人的这些痛点根据用户数据和个性进行智能匹配,提供符合用户需求的服务和操作,越简单越好。很多情况下,就因为多了一个步骤或者多了一个按键就会流失客户。因此,简单的人性化产品和服务会让所谓的"懒人们"自然而然地成为企业忠实的粉丝,"一指搞定"对营销者和消费者而言是最为理想的境界。

如何保证场景营销效果

成功地场景营销需要遵循以下四项原则。场景营销的这四项原则主要运用于场景创意、营造体验和生产原生内容三个环节,能够让营销场景更具活力,进而激发场景中所蕴含的惊人生产能力。

(1)场景发掘与构建不落痕迹。

移动电商场景营销越自然,越能让消费者在潜移默化中接受营销信息;太过明显的营销推广活动,难免会让消费者产生排斥心理,进而影响营销活动的最终效果。场景营销中需要就现实场景、虚拟场景以及融合场景与营销信息进行良好的对接,使得无论是发掘还是构建的场景都能尽量贴近消费者,让消费者不容易察觉出营销的痕迹。

(2)重视细节对消费者的触动。

对细节的追求一方面是因为场景自身的碎片化,零碎的场景要求通过更为精致的细节来充实自己,让场景在分散的同时,不至于退化成虚无的时空碎片;另一方面,现代商业中消费者的成长要求营销对消费者倾注更多关注。移动电商的消费者目前主要为"85后"和"90后",他们对铺天盖地的营销活动已经习以为常,因而场景营销能否加强对细节的重视,成为能否赢取移动电商主流消费群体的重要因素。

(3)利用多样的触点。

移动电商能够提供多样的商品或服务,可以满足消费者日常生活中的多数需求,也就意味着移动电商有机会占据消费者多数的碎片时间和空间。但是就目前而言,场景营销多集中于移动互联网的虚拟场景之中,虽然也用到了消费者的实时状态数据,但是不得不说,移动电商对线下场景的布局能力不足,错失了很多连接消费者的场景触点。

(4)让消费者在场景中产生强烈的参与感。

所谓场景营销,就是围绕消费者挖掘和构建场景,让消费者由传统营销中的缺席状态变为在场的直接感知。场景营销突出了消费者在营销活动中的主体地位。对消费者而言,场景并不只是简单的物理或虚拟场所,而是一个富含张力的场,其中蕴含的能量需要消费者主动与场景交互才能激发出来。因而消费者能否通过分享传播、建立社群等方式参与到场景营销中来,对场景营销的最终效果产生重要影响。

(5)合理设计场景,多个场景有效融合。

场景营销是一种传播技巧,更是一种传播智慧。"价值""体验""人性"和"创新"成为其不断探索和思考的角度。场景营销实现了人、物、场的无缝连接,消费者的生活更加高效、便利。每个产品，尤其是耐用品或者服务的营销，将会由更多的营销场景组成。每个场景之间相互独立，有场景入口、供应、反馈、监督、出口等要素，又相互关联。理想情况下，不同场景之间都可以相互穿插，最终产生销售，形成闭环。

与传统的营销理论不同，场景营销也是一种客户营销管理模式，其本质上由两个部分构成：第一是了解客户需求，根据线索来引入一个场景，在场景中产生一个引导深度；第二是任意的场景都有可能形成销售闭环，都可能促进用户和企业之间成交。

5　科技前沿创新产品案例分析

领域9：纳米材料

【纳米材料案例1】 MIT研究团队利用纳米粒子浸入植物叶片，让盆栽秒变"台灯"①

在家里的书桌上，我们习惯性放一盆植物。但你有没有想象过：在夜幕降临后，这盆植物能够变身为美观而又实用的台灯，让我们可以继续看书和工作？

MIT的工程师们就致力于让这一想象变为现实，事实上，借助纳米技术，他们已经取得了重要的进展。据报告显示，他们向豆瓣菜叶中植入了纳米粒子，成功让其发光，且发光时间可以持续约四小时之久。

植物纳米电子学是Strano实验室开创的一个新的研究领

---

① MIT研究团队利用纳米粒子浸入植物叶片，让盆栽秒变"台灯"，镁客网，2017年12月19日，http://www.im2maker.com/news/20171219/f3a7675677c07553.html。

域，旨在通过将植物纳入不同类型的纳米粒子，赋予植物新的特征。该小组的目标是设计替代现在由电子设备执行的许多功能。占全球能耗约20%的照明看起来是合乎逻辑的下一个目标。

实验中，研究人员提取了让萤火虫发光的荧光素酶、荧光素以及一种被称为辅酶A的分子，然后分别将其装入不同类型的纳米粒子载体中（荧光素酶装入直径10纳米的二氧化硅纳米粒子、营养素装入聚合物PLGA的纳米粒子、辅酶A装入壳聚糖纳米粒子）。

如何让这些粒子进入叶片中呢？他们采用了气压的方法。首先，他们将这些粒子悬浮在选择的溶液中，随后将植物浸入溶液，最后对其施压，使得粒子通过植物的气孔进入叶片内部。

整个过程简单易操作，最后研究人员观察到：当纳米粒子释放荧光素酶等分子后，植物就会发光，且能持续一段时间。值得注意的是，虽然目前植物的发光仅仅是阅读所需光的强度的千分之一，但研究人员表示，进一步优化浓度和速率将有助于提高发光的强度和光的持续时间。

未来，研究人员希望可以将完善的技术用在盆栽和行道树上，已让其具备"灯"的功能。此外，研究人员还表示，可以借助带荧光素酶抑制剂的纳米粒子，让植物根据环境的变化自动"关灯"。

【纳米材料案例1分析】

根据2011年10月18日欧盟委员会通过的定义，纳米材料是一种由基本颗粒组成的粉状或团块状天然或人工材料，这一基本颗粒的一个或多个三维尺寸在1纳米至100纳米之间，并且这一基本颗粒的总数量在整个材料的所有颗粒总数中占50%以上。纳米粉体材料（尺寸在1~100nm之间的超细粒子，也称为超微粒子）由于技术含量高、产品应用广、市场前景良好，是新材料行业中市场成长性较好的领域之一。

受益于纳米技术的不断革新、生产工艺的逐渐完善、纳米材料的生产成本不断降低、新的应用领域不断开拓的影响，据统计，到2017年，全球纳米材料的市场规模超过897亿美元。到2020年。美国的纳米材料市场规模仍将位居第一，约为3.79亿美元；亚洲成为第二大需求市场，需求规模约为2.67亿美元，各地区的年均增长速度超过30%。[①]在全球范围内，对于纳米材料的应用主要集中在电子电气、健康与个人护理、能源储存设备、交通、包装等领域。

案例中介绍的植物纳米电子技术是产品技术研发团队的独创技术，具有较高的技术创新性。复合荧光物质的纳米颗

---

① 2017—2021年中国纳米材料市场需求容量及投资可行性分析报告，华经咨询，2018年4月20日，http://www.sohu.com/a/228906984_372052。

粒材料可以进入植物机体而不影响植物正常生长，通过人工的方式制造出能够发光的植物。然而目前该产品的市场实用性较低，因为如果要让植物变成台灯，其技术壁垒在于如何让植物发出用户阅读所需要的光强度。一方面，植物能够发出的照明光强度依托于荧光物质的浓度，案例中的植物中含有的纳米荧光物质浓度较低，能发出的光强度有限。另一方面，即使能够顺利创造出足够光强度的发光植物，用户市场是否存在依然是未知数。发光植物能够引起用户的好奇心，但完全替代阅读或卧室床头照明灯的可能性有多大，依然未知。

【科言漫语】01 纳米材料：植物灯

【纳米材料案例2】 中科院研发出基于白蛋白的肿瘤多重响应性纳米药物[①]

响应性纳米药物在肿瘤治疗中具有重要价值。一方面，肿瘤响应性纳米药物通过对肿瘤组织和细胞的识别，降低药物对正常组织的毒副作用；另一方面，通过在肿瘤中释放响应性药物，提高治疗效果。尤其是对于光动力治疗（PDT），纳米剂型中光敏剂的单线态氧产生能力受到抑制，无法发挥PDT的作用，必须在肿瘤组织或细胞中快速释放，恢复单线态氧的产生能力和对细胞的杀伤作用。与正常组织相比，肿瘤具备pH值偏低、谷胱甘肽（GSH）浓度升高、蛋白酶过表达的特性。基于肿瘤的这些特性，人们设计了诸多响应性的纳米药物，但这些纳米药物大多只对一种或两种刺激条件具备响应，或者响应条件苛刻，因而在抗肿瘤应用中的效果有待提高。如何在纳米药物的设计中合理利用肿瘤的特性，赋予纳米药物对肿瘤的特异性进行识别和响应的功能，仍是有待解决的难点。

近期，中国科学院过程工程研究所闫学海研究团队设计了一种基于生物大分子自组装的肿瘤响应性纳米药物。在该

[①] 基于白蛋白的肿瘤多重响应性纳米药物，Materials Views，2016年11月4日，http://www.materialsviewschina.com/2016/11/multi-pronged-multiple-tumor-response-based-on-albumin-nanoparticles/。

纳米药物的构建过程中，首先由人血清白蛋白（HSA）和多聚赖氨酸在水体系中自组装形成纳米粒，再通过二硫苏糖醇打开白蛋白中的二硫键，并通过新生成的二硫键交联纳米粒，最后在纳米粒表面修饰一层 PEG，得到稳定的纳米粒。这种纳米粒对多种光敏剂均具有很好的负载作用，因而可构建纳米药物。由于自组装纳米粒中包含了 HSA、二硫键和静电作用力，其结构对肿瘤微环境中存在的低 pH 值、GSH、蛋白酶具有响应性，而且对多重条件的响应具备联合增强效果。在体内实验中，当将含有 Ce6 的纳米药物分别注射到肿瘤组织和正常组织中时，肿瘤部位在 0.5 小时后就观察到了 Ce6 的荧光，而正常组织在 8 小时后才可观察到荧光。这是首次通过光学方法直接观察到纳米药物在肿瘤部位响应性释放药物。在尾静脉注射纳米药物的实验中，12 个小时后药物在肿瘤出现特异性富集，而对照组没有观察到药物在肿瘤处的富集。注射纳米药物 24 小时后，以激光照射肿瘤，实现了对肿瘤的光动力消除，在实验的观察周期内没有发生肿瘤复发现象。该纳米药物的良好效果源于设计中的两大特点：仿生自然，利用了白蛋白的电荷转变特性及肿瘤对白蛋白的代谢增强机制；多管齐下，充分利用了肿瘤中存在的多重特异性条件。

该肿瘤多重响应性纳米药物的研究不仅为光动力抗肿瘤

第5章 科技创新爆款产品营销推广的实战新方法

纳米药物的研发提供了新思路,也可有效应用于其他涉及肿瘤响应性的纳米药物的构建,如化疗药物递送、肿瘤诊断与成像等。

【纳米材料案例2分析】

近年来,随着精准医疗概念的提出,科学家在对癌症新疗法的开发上也有了不同的见解。精准医疗是一种将个人基因、环境与生活习惯差异考虑在内的疾病预防与处置的新兴方法,是以个体化医疗为基础,随着基因组测序技术快速进步以及生物信息与大数据科学的交叉应用而发展起来的新型医学概念与医疗模式。其本质是通过基因组、蛋白质组等组学技术和医学前沿技术,对于大样本人群与特定疾病类型进行生物标记物的分析与鉴定、验证与应用,从而精确寻找疾病的原因和治疗的靶点,并对一种疾病的不同状态和过程进行精确分类,最终实现对疾病和特定患者进行个性化精准治疗的目的,提高疾病诊治与预防的效益。许多科学家认为,个性化疗法或许是未来人类彻底击败癌症的关键所在,而纳米级药物的研发推动了人类精准医疗抗癌药物产品化的进程。

数据显示,2016至2020年,全球精准医疗市场规模将以每年15%的速率增长。预计2020年,全球精准医疗市场规模将破千亿美元。精准医疗产业中,肿瘤医疗领域应用空间巨大。抗肿瘤药,尤其是抗肿瘤的罕见病用药被业界追逐。

预计到2020年,抗肿瘤药物全球产业规模将增长到1531亿美元,复合增长率达到11.6%。[①]

传统的化疗利用已知的药物有效地杀死癌细胞。但是这类细胞毒性药物除了能够杀死肿瘤细胞外,也会带来副作用,如恶心、神经系统疾病、脱发、乏力、免疫功能受损等。纳米粒子可以作为药物载体将化疗药物直接递送至肿瘤,从而保全健康组织。纳米载体相比于传统化疗具有以下四个优点:(1)保护药物,防止药物在抵达目标前发生分解;(2)增强药物的吸收效果;(3)更好地控制药物分布到组织的时机与效果,使肿瘤学家更方便评估药物的效果;(4)防止药物与正常细胞接触,从而避免副作用。

案例中介绍的肿瘤纳米药物将特定细胞受体的分子连接到纳米颗粒上,从而主动靶向至表达这些受体的细胞上。通过诱使细胞吸收纳米载体,主动靶向可以用于将药物递送至癌细胞,以达到肿瘤治愈的目的。案例中科技技术研发具有高创新性,也有比较广阔的应用前景。

[①] 精准医疗行业发展前景预测与投资战略规划分析报告,前瞻产业研究院,2018年4月10日。

【科言漫语】02 纳米材料：纳米药物

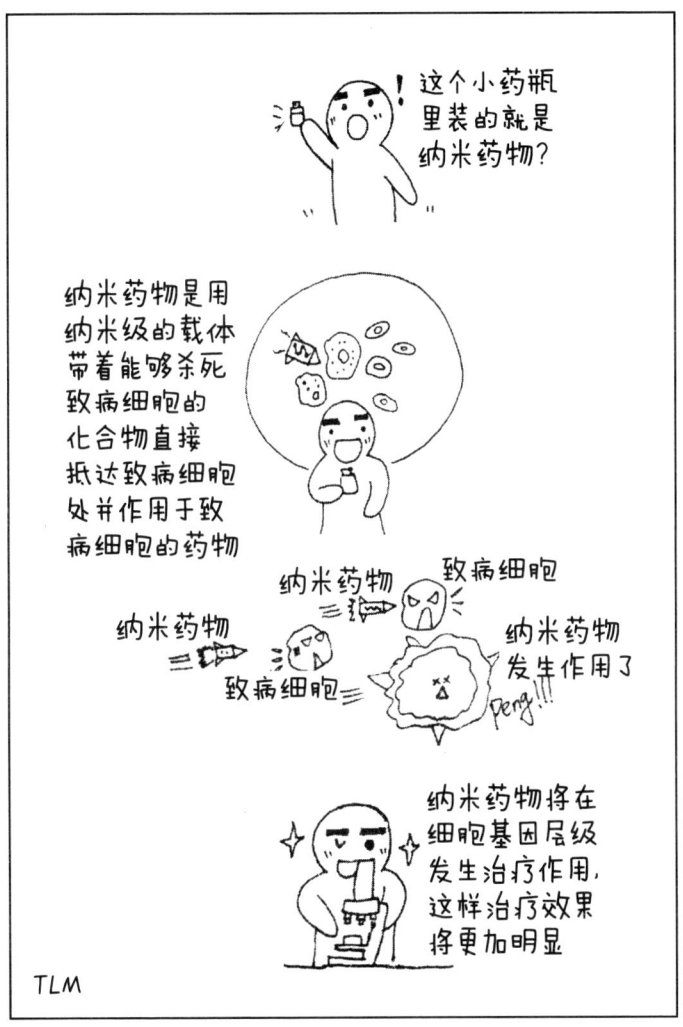

领域10：智慧能源

【智慧能源案例1】腾讯云"能源物联平台"发布，助力能源行业"智慧化"升级

2018年，"数字中国"被首次写入政府工作报告，各行各业都在积极推动数字化变革。作为关系国民经济发展的能源行业，也在积极推进互联网化、数字化升级。但是，能源互联网发展中却存在很多问题，如数据采集困难、管理智能化程度较低、缺乏高质量专业服务等，这些问题严重影响了能源企业的运营效率。

针对能源互联网存在的问题以及能源企业迫切的"数字化"升级需求，腾讯云此次推出的"能源物联平台"[①]可支持数十亿级设备的接入和万亿条消息的可靠传递，实现设备和平台之间数据采集和命令下发的双向通信，对设备进行高效、可视化的管理，助力能源企业实现更为高效的运营管理。

具体来看，腾讯云"能源物联平台"具有海量异构能源设备接入、非接触式不断电安装调试、一键扫码快速部署、构建虚拟设备库四大优势。这些功能将帮助能源企业实现一点接入、快速互联。该平台支持上千种能源设备和"200+"行业协议，并支持主流标准协议的在线编辑和主流标准设备

[①] 腾讯云"能源物联平台"发布，助力能源行业"智慧化"升级，腾讯网，2018年5月24日，http://tech.qq.com/a/20180524/037233.htm。

第 5 章　科技创新爆款产品营销推广的实战新方法

类型的动态添加，上层则采用证书或密钥认证方式保证设备安全接入。

而在部署方式上，该平台采用非接触式传感器可实现不断电安装调试，在不改变已建能源通讯控制系统结构的前提下，采用高智能能源网关，实现低侵入式快速接入物联平台。此外，企业可以通过扫码方式实现能源设备与云端的快速绑定、参数配置，设备安装部署周期由数天降至 1 小时内，极大地降低了能源设备上云的难度，以最低的成本实现效率最大化。

在场景服务应用方面，腾讯云"能源物联网平台"在智能电力运维、分布式能源管理、智能用电监测、用户计量计费、政务能效监测等多个场景都可以快速应用，在释放能源设备潜能、深挖能源数据价值上具有举足轻重的作用。

不仅如此，基于腾讯云"能源物联平台"，腾讯云与合作伙伴带来更多的"综合能源服务应用"。如购售电应用系统，可适配多个交易中心规则，按需购买应用模块；环境及能耗监测系统，可提供大屏解决方案，实现多表计的数据统一采集，提供本地化通讯方案；智能用电监测系统，24 小时在线监测，可视化监测运维中心；分布式能源监测系统，可提供不同配电相关设备的监测运维功能，实现数据可视化以及运维所需的辅助决策功能；智能计量采集结算系统，不仅提供多能采集，还支持微信支付。

从现场了解，在推进能源行业数字化转型中，腾讯云牵手英特尔和朋迈能源科技两个重要的合作伙伴。针对能源行业的数字化升级需求，英特尔提供适合能源行业所需的技术，通过基于英特尔架构的能源路由器，可以帮助能源企业快速接入腾讯云"能源物联平台"，为能源行业提供安全、稳定、高效的海量数据采集、处理、传输设备，以实现远程、实时感知和管理。

另一个合作伙伴是朋迈能源科技，朋迈结合腾讯云的大数据、云计算等技术能力，与电网、行业领先服务商、高校、研究院展开合作，为综合能源服务商提供云端基础设施、能源增值应用、能源数据分析等升级型解决方案，通过新一代信息技术与电力技术的创新与融合，助力传统能源服务企业快速转型。

从能源行业看，"数字化转型"已经成为行业大趋势，而腾讯云发布的"能源物联平台"将进一步助力能源电力公司降本增效。在数字化浪潮下，腾讯云正利用自身云计算、大数据、人工智能等新一代技术，积极帮助各行各业数字化变革，为构建"数字中国"助力。

【智慧能源案例1 产品分析】

能源互联网作为一个跨领域的前沿概念，可以理解为综合运用先进的电力电子技术、信息技术和智能管理技术,将大量由分布式能量采集装置、分布式能量储存装置和各种类型负载构成的新型电力网络节点互联起来,以实现双向流动的能量对等交换与共享网络。当今能源互联网的生态系统比传统电力价值链复杂。在能源互联网生态系统中,参与主体更加多元化,除了传统的电力发、输、配、售和调度,能源互联网汇总还出现了新合作方:能源服务、能源管理、能源存储、硬件使能。即使是传统价值链中的利益方,也细分出了数字化发电优化供应商、分布式能源服务商和能源聚合商等新角色。

能源互联网产品发展市场前景广阔,全球知名管理咨询公司埃森哲发布的《中国能源互联网商业生态展望》预测,到2020年中国能源互联网的总体市场规模将超过64070亿元,约占当年GDP的7%。[①]

本案例中的能源互联网平台可以为中国能源行业市场带来下列几个价值点:能源基础设施互联、能源形势互换、能源技术数据与信息技术数据的应用、能源分配方式的互补、能源生产与消费商业模式的互利。从运营者角度来看,能源互联网是能够与消费者互动的一个能源消费市场,只有提高

---

① 中国能源互联网商业生态展望,埃森哲,2017年8月16日。

能源服务质量,才能赢得市场竞争。同时,从消费者角度来看,能源互联网不仅具备传统电网所具备的供电功能,还为各类消费者提供了一个公共的能源交换与共享平台。

案例中的能源互联网将有助于形成一个"能源资产市场",实现能源资产的全生命周期管理,通过这个"市场"可以整合能源产业链上下游各方,形成供需互动和交易,也可以让更多的低风险资本进入能源投资开发领域,并有效控制新能源投资的风险。

第 5 章 科技创新爆款产品营销推广的实战新方法

【科言漫语】01 智慧能源：能源物联平台

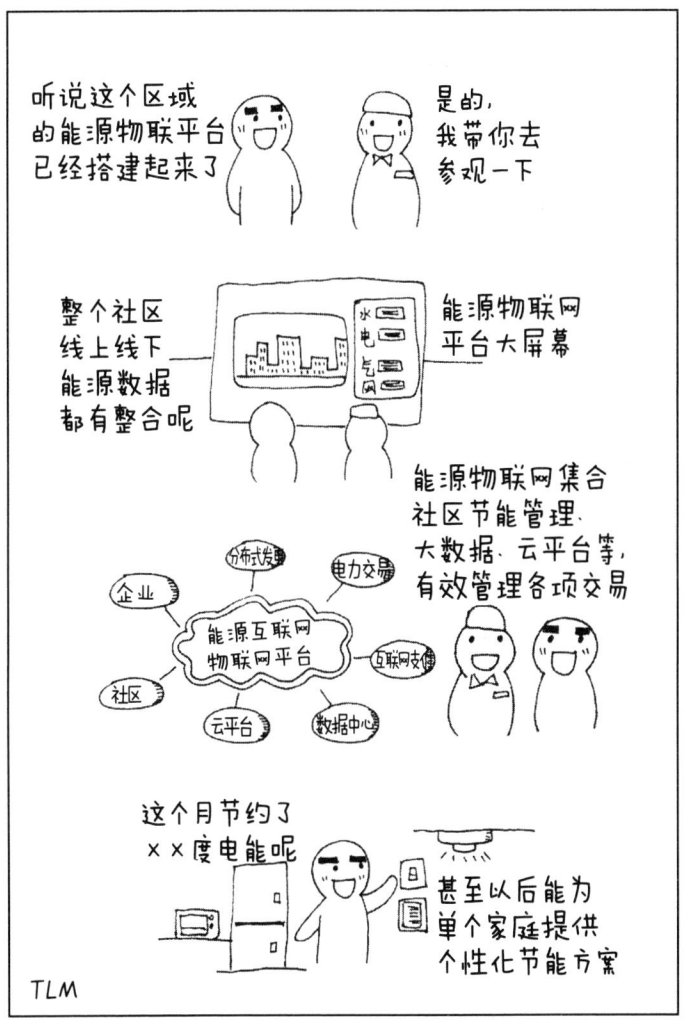

【智慧能源案例2】伦敦这条街区让你走路就能发电，还送购物券

Pavegen 公司在伦敦市中心 Bird Street 上试运行交互式街道项目。①

"要是人走路时能发电就好了。"2009 年，一个叫 Laurence Kemball Cook 的英国人带着这个看起来有些疯狂的想法，成立了一家叫作 Pavegen 的公司，让这个想法一步一步变成了现实。Pavegen 是一家英国技术公司，它已经在全世界完成了 150 个智能楼层项目，包括火车站、购物中心、机场、学校和公共场所。他们的创新阵列配有三个多功能组件，被创造性地称为数据、地面和能源。

牛津街有超过 25 条小巷，每天都有数十万人访问首都这个最繁忙的购物中心，Pavegen 公司正是利用这一点，让消费者脚步所产生的动能为市中心提供电力。

"Pavegen"是一种新型的路面系。当你走过每一块三角形面砖时，压力会传导到下面的转扭发电机组上，引起内部轴承旋转切割磁力线，产生电能。平均一个成人走过一次，会产生 5 瓦的电量。当消费者购物完离开 Bird Street，街道上铺设的 Pavegen V3 面板可以从脚步中捕获动能，并转换为电

---

① 踩踩地板就能发电，这才是你想要的新能源，极客公园，2016 年 6 月 19 日，http://www.geekpark.net/news/215864。

能，点亮沿途的路灯。此外，Pavegen公司的代表还表示，该系统还包含其他技术，如设置了可兼作空气净化器的休息区，以及经过特殊处理的涂料表层，它可以吸收燃料排放中存在的氮氧化合物气体。

据了解，这个尺寸约为10平方米的瓷砖阵列，其转换过来的电能也供嵌入在通道下的低能蓝牙发射器使用，这样发射器就可以与应用程序进行交互，并向应用程序提供步数数据和步数产生的能量总数。通过在发电瓷砖内部加装传感器，这些发电瓷砖能提供基于客流量的跟踪和分析。例如，通过分析在商场中的瓷砖数据，他们能够对零售行业销售状况和人流量进行有效的数据分析，从而更好地为顾客服务。相应地，应用程序会根据行人步数的多少，为街边商铺向用户发送优惠券和折扣信息。

正如伦敦市长Sadiq Khan所说："从空气污染、气候变化到住房和交通运输问题，新技术和数据将成为解决城市问题的关键。"故而，该项目的持续推进过程还是非常值得关注的。

【智慧能源案例2 产品分析】

人每天都要动，无论是走路、工作、运动，只要动，就会有轻微的电力产生。一个人产生的能量微不足道，但是地球上70亿人即便仅仅是走路，其产生的能量也将不可估量。于是，有研发人员真的想出了利用人们走路来发电的方法。

案例2中的发电地板正是利用人体踩踏地板产生机械能来实现发电，是一种清洁能源发电方式。

人体发电产品首先解决的是发电产量技术问题。除了在本案例中提到的人体踩压发电地板技术之外，研发人员现已提出了很多利用人体发电的形式，包括最常见的同样利用动能转化为电能的健身自行车或者运动设备发电，还有更大胆的血液发电、汗液发电、尿液发电、人体运动发电甚至头发发电等。但是最大的问题就是通过人体这些发电途径能否产生用于生活生产的电量？成本和发电收益是否成比例？例如，健身自行车发电项目测算得知，按照1个成年人每小时健身自行车运动产生的功率是150瓦计算，每台健身自行车每个月约有200人使用，平均每人使用1小时，则一个月产生的电量是30千瓦时；假设每千瓦时电费是0.5元，则一个月每台健身自行车能够节约电费15元，根据健身房自行车的数量可以计算出总节约电费。本案例中介绍的发电街区，每位成人走过一次产生的发电功率为5瓦，该发电功率不大。产品设计者将发电地板布置在繁华的街区，也是为了让更多的人踩踏发电地板而产生电力。目前人体发电产品设计者依然要突破人体运动发电量转化效率这个技术问题。

本案例的产品还有一个竞争优势，就是产品的大数据收集功能。通过在发电瓷砖内部加装传感器，这些发电瓷砖能提供基于客流量的跟踪和分析。例如,通过分析在商场中的瓷砖数据,他们能够对零售行业销售状况和人流量进行有效的数据分析,从而更好地为顾客服务。通过发电瓷砖产品,也可对城市人流量变化进行有效监测和分析,而长期收集的客流量大数据对于商业活动的重要意义不言而喻。

【科言漫语】02 智慧能源:发电廊道

第 5 章 科技创新爆款产品营销推广的实战新方法

后　记

在接触的多个科技创新产品项目中，我看到了科技创新项目创始人，尤其是技术出身的项目创始人在打造科技创新产品过程中矛盾的一面。一位智能货柜项目的创始人告诉我，为了更好地调整货物输送带与产品展示槽的角度，整个团队已经耗时一个月，不眠不休投入到设计和样品测试中；另一位无人机项目的负责人告诉我，他利用了自己的资源，成功将收费高达数十万元的飞行器核心测试——风洞流体力学测试的费用降为零，为项目节省了一大笔成本；还有一位增强现实项目的创始人在制作出样机之后，找生产线出了一些问题，项目经费也面临短缺，项目处于半停滞状态……科技创新项目产品负责人如同一位艺术家，将倾注了自己热情和新技术开发实力的产品视为自己创造的一个艺术品。在刚开始打造科技创新产品的时，他们是不愿意完全向市场妥协的，他们对产品中的创新技术满怀信心；但除此之外，他们又面临着市场的检验，面临着项目生存和可持续发展的挑战，面临着产品潜在用户从认识产品、接受产品到选择产品的挑战，面临着同类技术创新产品竞争者的挑战。科技创新产品既然被称为产品，必然要有商品的属性：能够满足用户的痛点和需求；能够产生经济效益。创新技术是科技创新产品的核心，商业模式是支持科技创新产品持续发展的基本保障。发展比较好的科技创新产品项目，都是在技术创新和用户需求的动态变化中不断尝试找到一个平衡点。

科技创新产品一直是创新创业投资关注的重头戏。那么前沿科技方面的创新技术如何与产品融合，以满足不断变化的产品用户痛点？为了帮助科技创新产品人从技术研发人员到产品经理的思维、管理和实践多维度转化，本书力求选取各类项目创新管理思维精华内容，精心筛选具有代表性的科技创新产品案例，以帮助科技创新人员从技术研发阶段就具备产品意识。本书主旨是通过新管理思维来改善和提升新兴技术产品负责人的成果转化效率，故我有意选择了每种管理新思维的核心精华内容，分享给各位读者，让读者在短时间内就能够梳理出属于自己的技术思维和产品思维的融合点，不至于沉心研发创新技术而忽略了在产品的市场挑战，授之以鱼不如授之以渔，这本书的内容可以作为科技创新产品回答市场考卷的一个加分项。

后 记

本书编写成稿历时半年,但是在行业和筛选上要早于编写周期,在过去近一年的筹备编写中,我在和科技创新领域专业人士的沟通基础上,挑选了未来十年可能或已经实现产品化的 10 类前沿科技领域,并且每个新技术领域中描绘的案例也是以具备产品化特性和未来市场发展前景为依据筛选的。一些在未来将长期处于技术实验室研发阶段的黑科技暂时没有选入书中,就是为了让当下正在科技创新领域拼搏的产品人更具参考性。编写过程中得到了各技术创新专家、科技创新项目创始人、高校导师、创新创业领域咨询师的宝贵建议;同时,书中所引用的各科技创新产品案例和一些产业调研数据都来自创新产品媒体、各大咨询机构(书中都已经标明来源出处),在这里我想一并提出我的诚挚感谢。

科技创新产品是未来十年人类经济和生产力发展的主要动力。在科技创新领域奋斗的创新者们是伟大的,因为他们都在努力地促进人类进步,改善人们的生活质量,这是一件造福世界的好事。这本科技创新产品思维书如果能给大家带来一丝启发,也是从事创新咨询的我的幸运。

祝所有科技创新产品的创始人们都能赢得属于自己的市场和用户!

汤历漫

2018 年 9 月

推荐人评论

未来引领工程机械发展的必然是产品和技术的创新,如产品研发阶段用户需求的大数据分析、人机操作界面的智能化;生产过程中工业物联网的应用,提升产品制作的精度和效率;产品后市场数据的支撑和分析等。中国工程机械产品的从无到有,经过多年的发展,目前处于做强、做大的瓶颈期,简单价格战的时代已经过去,科技创新技术会促进中国工程机械企业进一步发展,也为新研发的中国工程机械的智慧化和性能提出了更高的要求。

本书从打造科技和创新产品打、打造创新组织到产品营销形成一个完整的价值链,通过前沿科技创新案例的分析使其内容通俗易懂,更具说服力,能够启发正在红海厮杀的中国企业找到一片蓝海。

——中国国机重工集团有限公司亚太部总经理 杨丛林

制造业是人类社会经济的根本，工业互联网是未来十年能够促进传统制造业转型升级的新动能。从本质而言，工业互联网通过连接设备、人员、流程，核心是获得数据，并在此基础上为工业领域注入智能，使工业制造业得以"升级"。在国家政策层面，工业互联网也是当前大力投入和支持发展的领域。在工业互联网领域创业，不仅需要智慧和勇气，还需要有耐得住寂寞的信念，扛得到"后天"的耐力。

本书对多领域创业案例的观察和思考，为有志在工业互联网领域"试比高"的创业者提供了多视角的参考价值，是一本非常值得品读的好书！

——中科云创（北京）科技有限公司合伙人 黄新刚

精准医学包括精准健康和精准医疗两个方面，目的是避免疾病的发生和延长患者的生命期。科技部2016年"精准医学研究"重点专项正式确定了"队列、大数据、生物标记物、精准预防、精准治疗"等多个重点方向，配套的产业政策和行业监管政策也在陆续跟进。随着我国慢性病患者人数的快速增长、健康理念的更新，以及互联网技术的快速迭代，人们对精准医学的需求也日趋迫切。基因组学、干细胞、酶活性检测等相关生物医学技术的推进，加快了我国精准医学的本土化发展，成为我们临床决策认知的一次新飞跃，还对我们临床医生智能价值（包括认知更新、临床经验、用药方式等）提出了一个新且高的要求。在大数据科学交叉应用背景下，如何将精准医疗的技术创新成果广泛应用于医疗，以我自身数十年的临床经验来看，除了积极关注其他生命科学领域的研究结果，还应走开放联合之路，技术领先背景下的医疗落地才是根本。

很高兴看到前沿科技创新产品主题的书籍出现，并且精准医疗领域的创新产品案例也被选录到本书中。该书避开了大量晦涩的前沿科技专业词汇，案例丰富，分析全面，图文并茂。其中关于医疗创新技术应用场景的阐述，触动了我对未来医疗的一些希望和憧憬，更广泛地满足人们对医疗服务的需求是我们医生的最大欣慰。相信此书对那些前沿科技创新企业也会具有非常实际的参考价值和意义。

——北京 307 医院主任医师 陈民才

随着自动驾驶的火热，作为自动驾驶核心传感器之一的激光雷达也成了市场和资本的宠儿。短短数年，激光雷达技术的商用化非常迅速，几十家从事激光雷达产品研发生产的企业如雨后春笋般冒出。各种激光雷达技术加速进入市场。作为高新技术领域创业者，我深感信息扁平化使得科技信息获取更加容易，新技术的传播更加快速，技术应用更加迅速，技术创新者面临的竞争也更加激烈。

如何才能在激烈的竞争中生存和发展？如何打造满足市场需求的产品？如何组织和管理一个公司？这些都是科技创业者必须面对的挑战，而管理和市场思维和战略往往是技术出身的创业者的短板。本书对技术出身的创业者尤其具有学习和参考价值。

——北京联控旭普科技有限公司创始人 周泽明

乘着"中国制造2025"的东风，中国物联网产业发展进入高速增长时期。在企业、高校、科研院所共同努力下，中国形成了芯片、元器件、设备、软件、电器运营、物联网服务等较为完善的物联网产业链。物联网产品的主要应用领域包括智能家庭、家庭自动化、保全系统及智能电器设备。作为一款电子产品，智能LED显示屏未来将实现人屏互动和万物互联的功能，借助触碰技术、语音识别、裸眼3D增强视觉、物联网等技术，能够让更多的用户有非常好的场景体验。

本书主要讲述了未来几大核心科技创新领域中的产品设计制造与品牌营销的方法论，书中列举的产品案例具有落地性和可参考价值，这正是科技创新产品项目人员所需要的指导。科技创新产品层出不穷，能够赢得市场的科技创新产品往往是那些顺应技术趋势浪潮，并在核心技术和用户需求中找到一个很好平衡点的产品。

——北京镏传科技有限公司创始人 刘传国

未来不管哪个行业所谓的发展趋势也好，或者创新也好，我相信技术创新的价值远远要大于模式创新的价值。我们现在已经提出了很多新商业模式，把线上的搬到线下，把线下的搬到线上，或者各种方式结合，各种场景结合。但技术创新产生的影响应该是更为深远，这也是技术本身严谨和求真务实的特征体现。我们只有在技术创新上多做文章，才会让自己处于不败之地。

本书针对如何打造科技创新产品这个主题展开论述，从现在的技术创新产品面临的市场挑战和运营思维转换角度出发，在科技创新公司如何提高科技成果转化效率和经验管理效率上提出了很多见解，对科技创新公司的产品设计制作和产品营销推广很有启发。

——上海鑫业网络科技有限公司创始人 黄鑫鑫

未来我国前沿科技发展与科技产品创新主要呈现几个明显的趋势，包括前沿科技创新步伐加快、前沿科技产品影响力持续增加、科技领域创新热点纷呈。以云计算、大数据、人工智能、物联网、机器人为代表的新兴技术不断成熟，也吸引更多的科技人才加入前沿科技创新产品的研发和应用实践中。科技成果以产品的形式反馈到社会将产生更大的价值。

本书瞄准如何打造前沿科技创新产品这个主题，理论充分，案例生动，图文并茂。相信本书会给千千万万投身于前沿科技产品领域的读者提供让人眼前一亮的启发。

——北京智汇邦信息技术有限公司创始人 周宇煜

无人机是未来科技创新主流产品之一。在我国，包括农业植保、电力巡检、消防、安防、环保及物流等领域都已经开始应用无人机。民用无人机是中国能够自主研发投产的少数世界领先科技创新产品之一。除了消费级拍照无人机外，近几年行业级无人机的发展也突飞猛进，但受到技术壁垒等因素限制，行业级无人机的使用市场和规模仍有待开发。无人机企业目前主要的研究方向是如何更可靠并有效地完成客户需求，随着人工智能的发展和5G的应用，将有更多的无人机使用场景被开发出来。

本书用丰富的案例，介绍了打造科技创新产品的五个重要环节，并提供了一套适应当前复杂环境的科技创新方法，我相信能给我国众多正在奋斗中的科技创业者们带来新的启发。

——天津中翔腾航科技股份有限公司董事长 杨丁

在联合国为应对气候变化要求到2050年全球实现近零排放的大背景下，能源产业在这几十年内将会出现翻天覆地的变化。各种形式的新能源电力在总发电量中的比重将会稳步上升，而为了满足新能源电力这种分布式的电力调度需求，传统的电网也需要升级改造为能源互联网。除此之外，储能技术的实质性进步、无线输电的实际应用以及交通工具的去燃油化都将在未来二三十年成为现实。

为了实现这些目标，少不了大胆的创新思维和将思维落地的能力。本书从如何打造科技创新产品为出发点，帮助创新创业者从科技创新产品的介绍开始，到最终产品推广，一步步指导创业者如何将创新思维落地并将其推向市场。书的内容丰富易懂，干货多多，值得一读。

——低碳未来基金会总经理 汪军

互联网的发展促成了综合电商的燎原之势，综合电商在服务领域和经营范围上进一步的细分，诞生了服务于科学研究且围绕科研投入产出全过程提供交易、管理、物流、资讯的全产业链一体化电子商务，即科研电商。科研电商作为科技创新的新模式，既要服务科研，更要成就科研；既要促进科学家科学研究，又要实现科技成果转移转化；既要服务国家科研经费管理，又要实现物资采购便捷透明。类似的依托于互联网、成长于互联网不确定环境之下的商业模式,均无可供参考的模式,难以标准化和流程化。

本书提出爆品思维、产品驱动思维、全周期创新思维、数据思维及场景创新思维五种新的思维模式,打造科技创新新引擎,助力科技创新新模式。

——喀斯玛(北京)科技有限公司市场总监 武建军